Halwart Schrader

Deutsche Lastwagen-Klassiker

Halwart Schrader

DEUTSCHE LASTWAGEN-KLASSIKER

Motor
buch
Verlag

Eine Haftung des Autors oder des Verlages und seiner Beauftragten für Personen-, Sach- und Vermögensschäden ist ausgeschlossen.

Fotos: Blobel • Daimler-Benz AG • MAN • Adam Opel AG
Steve St. Schmidt • Archiv des Autors.

ISBN 3-613-01802-0

Ein Unternehmen der Paul Pietsch Verlage GmbH + Co
1. Auflage 1997

Innengestaltung: Katharina Jüssen
Repro: Repro Schmid, 70469 Stuttgart
Druck: Maisch & Queck, 70839 Gerlingen
Bindung: E. Riethmüller, 70176 Stuttgart
Printed in Germany

Inhalt

Zu diesem Buch

Die Geschichte des deutschen Nutzfahrzeugbaus ist deshalb so interessant, weil sie zugleich einen großen Teil der Geschichte des Verkehrswesens in Europa und die Veränderungen der Infrastrukturen widerspiegelt, die sich seit der Jahrhundertwende vollzogen. Vor neunzig Jahren war es die Eisenbahn, die im Güterfernverkehr die dominierende Rolle spielte, im Nahbereich das Pferdefuhrwerk. Auf beiden Gebieten drang der schienenungebundene Motorwagen innerhalb verhältnismäßig kurzer Zeit vor und sicherte sich langfristig seine Domänen.

Unser Zeitalter der Mobilität und der Kommunikation wurde in seiner frühen Phase überwiegend vom Automobil geprägt. Der Lastwagen verkürzte Transportzeiten von Waren und sorgte für ihren rascheren Umschlag; er erreichte weitab vom Schienennetz gelegene Gebiete und versorgte Menschen im letzten Winkel der Erde. Er stellte schnelle Hilfe sicher, wo sie gebraucht wurde, wenn herkömmliche Transportmittel nicht einsetzbar waren, und er wurde als Ar-

Ein restaurierter Krupp Mustang aus den frühen sechziger Jahren in der Kleinstadt – ein Bild wie aus alten Zeiten.

beitsgerät verwendet, wo Mensch oder Tier sich nicht imstande sahen, ihre Kräfte nutzbringend einzusetzen. Sehr bald entdeckte aber auch das Militär den Lastwagen, und der Krieg, bekanntlich Vater vieler Dinge, trug zu seiner Weiterentwicklung - letzten Endes auch zu friedlicher Nutzung - erheblich bei.

Hersteller von Personenwagen waren stets nur in Ausnahmefällen identisch mit Firmen, die auch Lastwagen bauten. Zwar versuchten viele von ihnen, beide Segmente abzudecken, doch in den meisten Fällen hieß es eines Tages: entweder - oder. Die besagten Ausnahmem von dieser Regel bildeten Daimler-Benz, lange Zeit auch Ford, Opel und Borgward. Doch entschied sich Opel in den siebziger Jahren aus wirtschaftlichen Gründen eindeutig für den Personenwagen, ebenso Ford in Köln: Beide überließen den Lastwagenbau unter ihren Marken hierauf spezialisierten Nutzfahrzeug-Schwestern im Ausland. Zum Niedergang Borgwards trug nicht zuletzt eine zu starke Diversifikation bei. Unternehmen, die sich strikt auf die Produktion und den Vertrieb von Nutzfahrzeugen konzentrierten, hatten hierfür also ihre guten Gründe.

Wobei die Geschichte solcher Unternehmen erkennen läßt, daß sie meist eine lange Tradition im Maschinenbau aufzuweisen hatten, ehe sie in die Lkw-Produktion einstiegen, oder es ergaben sich früher oder später andere, enge Bindungen zur Schwerindustrie. Die Namen international bekannter Multikonzerne tauchen im Zusammenhang mit der Nutzfahrzeug-Herstellung immer wieder auf.

Der Lastwagenbau erlangte von den zwanziger Jahren an eine volkswirtschaftlich zunehmende Bedeutung. Daß dem Transportwesen auf der Straße im Laufe der Zeit ein immer größerer Stellenwert zukam, beweisen auch die vielen innenpolitischen Auseinandersetzungen, in die sich so mancher Verkehrsminister (und sein Kollege vom Finanzministerium) verwickelt sah. Der Streit um Tonnagebeschränkungen, Besteuerungsgrundlagen und behördliche Auflagen ist mindestens so alt wie das motorisierte Transportgewerbe...

Die Vielzahl der Hersteller, die es in Deutschland im Verlauf des ersten Automobil-Jahrhunderts zu verzeichnen gab, und auch die anderer Unternehmen im Fracht-Business legen Zeugnis davon ab, welche Expansion diese Branche erlebte. Doch das Feld der Fahrzeuganbieter reduzierte sich nach und nach auf wenige Firmen und Konzerne: Von den in diesem Buch beschriebenen fünfzehn Lkw-Fabrikaten existieren heute nur mehr fünf.

Fünfzehn Marken über einen Zeitraum von mehr als neun Jahrzehnten: Mit ihnen ist natürlich nur ein Teil, wenn auch der bedeutendste, der deutschen Nutzfahrzeughistorie erfaßt. Ich habe mich auf Porträts dieser fünfzehn prominenten Unternehmen konzentriert, weil eine Berücksichtigung der vielen kleineren Firmen den Rahmen dieses Buches schnell gesprengt hätte. Im Anhang finden Sie indessen eine fast lückenlose Auflistung aller Lastwagen-Hersteller, die es auf deutschem Boden je gab, zumal viele von ihnen in den einzelnen Kapiteln hin und wieder Erwähnung finden - etwa Dixi, Komnick, Ostner oder Tempo.

Bewußt habe ich mich auch auf jene Fahrzeugkategorie beschränkt, die wir landläufig als »Lastwagen« bezeichnen. Die zum Gesamtbegriff Nutzfahrzeug gehörenden Lieferwagen auf Pkw-Basis, Kleintransporter, Feuerlösch-, Militär- und Spezialfahrzeuge habe ich ausgeklammert oder nur dort erwähnt, wo sie im Zusammenhang mit der Lastwagengeschichte interessant sind und das Bild einer der beschriebenen Marken ergänzen.

Der Leser und Nutzfahrzeug-Liebhaber findet in diesem Buch, so meine ich, eine Fülle von Fakten, Daten, Informationen und vor allem auch zahlreiche Bilder von Originalfahrzeugen, die das Thema Lkw-Geschichte um einige bemerkenswerte Facetten anreichern. An dieser Stelle möchte ich mich bei Jan P. Norbye und Steve St. Schmidt bedanken, die meine Arbeit nach Kräften unterstützt haben - Jan durch sein historisches Archiv, das unzählige Angaben zu allen Nutzfahrzeugmarken der Welt enthält, Steve durch eine große Zahl von Aufnahmen, vor allem in Farbe, die dem Buch seinen visuellen Reiz geben.

Ein Trucker-Buch oder ein weiterer Band zum Thema Fernfahrer-Romantik sollte es nicht werden. Sondern ein Beitrag zur Geschichte des Kraftfahrzeugs, das seit gut einhundert Jahren unser Verkehrsbild so nachhaltig prägt - und das an Bedeutung, aber auch an Faszination während dieser einhundert Jahre stetig zugenommen hat.

Halwart Schrader

Ein liebevoll restauriertes Exemplar des heute sehr seltenen Borgward B 1250 als Pritschenwagen, wie er von 1949 bis 1952 gebaut wurde. Beim Wiederaufbau Deutschlands nach dem Kriege spielten solche Fahrzeuge im Transportwesen eine wichtige Rolle.

BORGWARD

Bremer Nordlicht

Elektrisch betriebene Nutzfahrzeuge wie dieses von der Firma Lloyd in Bremen – einem Borgward-Vorgänger – gebauten Lastwagen gab es vor dem Ersten Weltkrieg recht häufig. Das Gewicht der Batterien war allerdings immens ...

Sowohl die Personenwagen- als auch die Nutzfahrzeuggeschichte Borgwards läßt sich von der einiger anderer Fabrikate nicht trennen: Goliath, Hansa, Lloyd. Daher ein kleiner Exkurs zu den Anfängen dieser einst recht populären Marken.

Die Automobilfirma Hansa in Varel bei Oldenburg begann bereits 1906 mit der Herstellung eines 1,5-Tonners, parallel zur ihrer Personenwagenproduktion. Das Fabrikat genoß einen ausgezeichneten Ruf und übernahm 1913 die Westfalia-Werke von Rahmesohl & Schmidt in Bielefeld, die ebenfalls Automobile und leichte Lastwagen herstellten. Ein Jahr später kam es zur Fusion mit der Norddeutschen Automobil- und Motoren-AG (NAMAG) in Bremen, eine Firma, die zum Norddeutschen Lloyd gehörte und ebenfalls seit 1906 im Automobilgeschäft war, jedoch über nicht ganz so reichliche Ressourcen wie Hansa verfügte. Die Reeder hatten ihre eigenen Sorgen und nicht verhindern können, daß die Auto-

Von Hansa-Lloyd Anfang der dreißiger Jahre hergestellter 1,5-Tonner mit Benzinmotor. Im Hintergrund einer der Luxusliner des Norddeutschen Lloyd am Kai in Bremerhaven.

Borgward B 1000 von 1948/49. Er war der kleinste Borgward-Lastwagen, dem aber schon bald der größere B 1250 folgte; immerhin verließen 7000 Exemplare die Bänder in Bremen.

mobilfirma Lloyd 1911 infolge schlechtgehender Geschäfte saniert werden mußte. Ein Zusammengehen mit Hansa stärkte letztlich die Position beider.

Die Tochterfirma der großen deutschen Reederei baute in Bremen nicht nur Personenwagen, sondern auch Lastwagen bis zu 5 t Nutzlast, die man wahlweise mit Benzin- oder Elektromotor erhielt. Elektromotoren waren seinerzeit in einer ganzen Reihe von Personen- und Lastwagen zu finden. Vor allem bei solchen, die im Nahverkehr bewegt wurden, wo man mit geringen Aktionsradien auskam. Die langen Zeiten für das Aufladen der Batterien wurden dabei in Kauf genommen. Elektro-Lastwagen gab es übrigens sogar noch Anfang der fünfziger Jahre, etwa von der Firma Still, Hamburg. Die Idee, sich für Elektrofahrzeuge zu entscheiden, hatten die Ingenieure aus Frankreich erhalten: Dort stellte eine Firma in Paris bereits seit 1897 Elektromobile (später aber auch Fahrzeuge mit Vergasermotor) her. 1908 kam bei Lloyd die Herstellung von Personenwagen und Nutzfahrzeugen mit Vergasermotor hinzu.

In der ab 1914 als Hansa-Lloyd firmierenden Gesellschaft wurden fortan Lastwagen hergestellt, die nicht nur in Norddeutschland eine weite Verbreitung fanden. Große Stückzahlen nahmen den Weg sogar nach Übersee. Ab 1936 war bei Hansa-Lloyd auch ein Lkw mit einem bei Junkers in Dessau gebauten Dieselmotor im Angebot. Neben Nutzfahrzeugen für den zivilen Bedarf wurden in Bremen Militärlastwagen mit drei Achsen – teils als Halbkettenfahrzeuge – gebaut, jedoch ausschließlich mit Vergasermotoren.

Die Marken Hansa und Lloyd bringt man heute, vor allem im Rückblick auf die fünfziger Jahre, mit dem Namen Borgward in Verbindung. Bevor Carl Friedrich Wilhelm Borgward Hansa-Lloyd

Hansa-Lloyd Merkur IV als Sattelschlepper-Zugmaschine mit Doppelkabine von 1938. Eine für damalige Verhältnisse sehr moderne Konstruktion.

übernahm, war sein erstes Nutzfahrzeug der sogenannte »Blitzkarren«, mit dem er 1924, nach einem erfolgreichen Start in der Kühlerproduktion, seine bemerkenswerte Karriere in der Kraftfahrzeugherstellung begann. Dieses kleine Lastendreirad mit 2-PS-Zweitaktmotor war der Vorgänger eines kettengetriebenen Vierradfahrzeuges, 1927 unter dem Namen Goliath-Express vorgestellt. Lieferfahrzeuge und Kleinlastwagen der Marke Goliath blieben mit dem Namen Borgward bis zu dessen Untergang im Jahre 1961 eng verbunden. Vor allem fanden die Dreiradwagen viele Abnehmer; diese Fahrzeuge waren ernstzunehmende Konkurrenten zum dreirädrigen Tempo der Firma Vidal & Sohn in Hamburg und anderen Kleinlieferwagen dieser einst weit verbreiteten Bauart.

Im Jahre 1932 übernahm der in geschäftlichen Dingen bislang stets vom Glück begünstigte Carl F. W. Borgward mit seinem damaligen Partner Wilhelm Tecklenborg die durch das internationale Wirtschaftsdesaster angeschlagenen Hansa-Lloyd-Werke. Damit hatte Borgward, der ungeachtet seiner schwachen Finanzkraft die Produktion sofort voll weiterfahren ließ, eines seiner größten Ziele erreicht: Er war nicht nur zum Produzenten von renommierten Personenwagen avanciert, sondern hatte auch eine größere Plattform für den Bau von Lastwagen. Zugleich nahm aber auch die Problematik

Möbelwagen von Hansa-Lloyd von 1937 mit Dieselmotor. Die Aufbauten solcher Fahrzeuge pflegten weitgehend aus Holz zu sein.

Einer der ersten Lastwagen, die den Markennamen Borgward trugen. Es ist das Model B 1000 (1 t Nutzlast) aus dem Jahre 1939 und entspricht dem Hansa-Lloyd-Vorgänger, den es auch in größeren Ausführungen gegeben hatte. Die Firma Borgward war in jenem Jahr aus der Zusammenführung der Hansa-Lloyd- und der Goliath-Werke entstanden.

Die Farben Weiß und Rot im Borgward-Rhombus sind auch die der Hansestadt Bremen. Der Kühler gehört einem Borgward B 1500 der Baujahre 1951-1954.

der Hansa-Lloyd-Goliath-Werke AG ihren Anfang, die ihr drei Jahrzehnte später zum Schicksal werden sollte: Eine zu große Diversifikation von Fabrikaten, Konstruktions- und Typenreihen, vor allem im Pkw-Bereich. Wobei die unzulängliche Finanzkraft Borgwards nicht zuließ, mit den Entwicklungs- und Produktionsaufwendungen mitzuhalten, wie sie die starke Konkurrenz investierte.

Dennoch: Carl F. W. Borgward war optimistisch und hatte zunächst auch keine Absatzsorgen. 1937 sah sich Borgward nach der Abfindung seines Partners Wilhelm Tecklenborg, der Borg-

Borgward B 2000, der in Bremen von 1953 bis 1957 hergestellt wurde.

Borgward Kleinlaster, der 1957-59 unter der Bezeichnung B 1500 F verkauft wurde und anschließend B 611 hieß.

wards Expansionskurs mit großer Skepsis verfolgte, als Alleininhaber eines Autoimperiums, in welchem er schalten und walten konnte, wie es ihm behagte. In Bremen-Sebaldsbrück ließ er eine neue Fabrik erstellen, und kurze Zeit später lautete die Firmenbezeichnung dann auch nur mehr Carl F. W. Borgward.

Nach dem Kriege begann in Sebaldsbrück eine neue und durchaus erfolgreiche Ära des Lastwagenbaus. Der erste, noch Ende 1945 hier hergestellte Borgward-Lkw war ein B 3000 nach Art der zuvor gebauten Militärlastwagen. Im alten Stammwerk Hansa-Lloyd konnte man infolge starker Kriegsschäden zunächst nicht weiterproduzieren; hier wurden erst einmal ehemalige Wehrmachtsfahrzeuge instandgesetzt.

Um der damals durch die Alliierten streng kontingentierten Rohstofflieferungen in möglichst breitem Umfang teilhaftig zu werden, gliederte Borgward seine Firma in drei Unternehmen auf: Borgward, Lloyd und Goliath. Sein gedritteltes Großunternehmen erhielt somit drei Zuteilungsquoten, die er je nach Bedarf auf seine Werke aufteilen konnte.

Während man bei Lloyd ab Mai 1950 Kleinwagen (mit Sperrholz-Karosserie) zu produzieren begann, waren Fahrzeuge der Marken Hansa und Goliath nach damaligem Verständnis Mittelklassewagen; unter dem Namen Goliath liefen auch traditionsgemäß wieder Dreirad-Lieferwagen und Kleinlastwagen bzw. Transporter vom Band. Der Name Borgward blieb größeren Personenwagen sowie den Lastwagen vorbehalten.

Bis zur Währungsreform im Jahre 1948 hatte Borgward bereits wieder 2700 Lastwagen gebaut und verkauft. 1947 hatte auch die Herstellung des Eintonners B 1000 begonnen, mit dem Borgward schon vor dem Kriege gute Umsätze gemacht hatte. Sein 1,4-Liter-Benzinmotor hatte 33 PS. Der Nachfolger dieses Fahrzeugs war der 1949 präsentierte B 1250; die Typenbezeichnung gab über die erhöhte Nutzlast Auskunft. Als Antriebsaggregat diente der 1,5-Liter-Vierzylinder, den auch der Hansa 1500 bzw. später die Borgward Isabella unter der Haube hatte. Das Chassis dieses Typs bot Borgward in drei Längen an. Innerhalb von zwei Jahren wurde dieses Modell in mehr als 10.000 Exemplaren gebaut.

Borgward Schnellaster B 511 von 1959/60. Wahlweise lieferte Borgward das Fahrzeug mit dem 60 PS starken 1,5-Liter-Benzinmotor der Isabella oder einem 1,8 Liter Diesel von 42 PS, wie ihn auch der Personenwagen Borgward Hansa 1800 D aufwies.

Als B 4000 präsentierte sich 1950 ein Nachfolger des Vorkriegsmodells B 3000. Es hatte wie jenes einen Sechszylinder-Dieselmotor, jetzt aber 85 statt 78 PS stark. Dieser Viertonner war sehr viel moderner als sein Vorgänger und ab 1956 auch als Frontlenker lieferbar – ganz up to date im Stil der Zeit. Ab 1957 kam in dieses Fahrzeug ein 5-Liter-Diesel mit beachtlichen 110 PS zum Einbau. Als 3,5- und 4-Tonner blieben diese attraktiven Fahrzeuge bis zur Schließung der Firma im Jahre 1961 im Borgward-Programm.

Als B 2000 gab es ab 1951 einen 2- bzw. 2,5-Tonner mit einem 3,3-Liter-Diesel oder einem 2,4-Liter Benziner. Weitere Modelle mit 1,25 und 1,5 t Nutzlast ergänzten das Programm nach unten.

Den traditionellen Hauben-Lastwagen mit dem Borgward-Rhombus im Kühlergrill löste im Frühjahr 1954 eine neue Generation von Lastwagen ab, jetzt mit breiterem Kühler und integrierten Scheinwerfern. Kurz zuvor war ein neuer 5-Tonner auf den Markt gekommen, bislang stärkster Borgward-Lkw mit zunächst 95, dann 110 PS. Als Hydraulik-Kipper war dieses Fahrzeug auch mit Allradantrieb lieferbar.

Zu den allradgetriebenen Nutzfahrzeugen zählte auch der B 2000 A, den Borgward 1955 bis 1961 für den Bundesgrenzschutz und die Bundeswehr baute. Nach dem Borgward-Zusammenbruch übernahm zunächst Büssing das Bremer Lkw-Werk und stellte diesen Bundeswehr-Kübel noch eine zeitlang weiter her, allerdings zu einem Preis, der keinen Gewinn abwarf. Büssing veräußerte diesen Komplex später an Faun. Der 82-PS-Motor des Allrad-Kübels B 2000 A, ein Benzin-Sechszylinder, ist mit dem im »Großer Borgward« genannten Luxus-Pkw P 100 identisch.

Von 1957 an baute Borgward auch den Transporter 1500 F mit Isabella-Motor als Frontlenker, ab 1959 B 611 genannt. Der B 622 war mit einem 70 PS starken Vierzylinder-Dieselmotor versehen, der zwischen den Sitzen oberhalb der Vorderachse saß, während der B 655 den 110 PS starken Fünfliter Diesel hatte. Mit diesem Programm, das sich recht gut verkaufen ließ, nahm die Fertigung Anfang 1961 ihr unrühmliches Ende. Noch 1956 hatte Borgward in Osterholz-Scharmbeck, nördlich von Bremen gelegen, ein zusätzliches Werk errichten lassen, für das er im Rahmen eines Förderungsprogramms zur Arbeitsplatzbeschaffung 2 Millionen Mark Kredit bekam. Borgward hatte jedoch keine Chance mehr, den 52.000 qm großen Komplex zur Rentabilität zu führen.

Es ist bis jetzt nicht gelungen, die Ursachen des Borgward-Konkurses in völliger Klarheit darzulegen. Ein dickes Minus gab es am Ende nicht – die Gläubiger wurden letztlich zu hundert Prozent entschädigt. Tatsache indessen ist, daß Borgward durch eine starke Diversifikation in seinen vielen Personenwagen-Baureihen unwirtschaftlich arbeitete und über zuwenig finanzielle Reserven verfügte, um gegen die große Konkurrenz bestehen zu können. Nur unter Inanspruchnahme weiterer Kredite hätte der joviale Unternehmer sein Pkw-Programm pflegen und ausweiten, seine Fabriken modernisieren können. Mit dem Lastwagenbau hat sich der hanseatische Selfmademan jedenfalls nicht in die Pleite manövriert.

Borgward 611 von 1959/60. Auch dieses Modell erhielt der Kunde wahlweise mit Benzin- oder Dieselmotor. Die Kabine des Frontlenkers weist nicht von ungefähr eine gewisse Personenwagen-Charakteristik auf.

Büssing hatte auch im Ausland Kunden, die von der Qualität der Produkte unter diesem Namen überzeugt waren. Dieser Möbelwagen aus den frühen dreißiger Jahren leistete mehrere Jahrzehnte einer Speditionsfirma in Brüssel hervorragende Dienste, bekam 1960 allerdings einen neuen Motor, einen Cummins-V8 von 160 PS.

BÜSSING

Im Zeichen des Burglöwen

Der erste Lastwagen, der den Namen Büssing trug: eine vollgummibereifte Pritsche mit Vierzylindermotor aus dem Jahre 1903. Schon 1909 lieferte Büssing Lastwagen mit Sechszylindermotor!

Johann Heinrich Friedrich Wilhelm Büssing, eine klassische Unternehmerpersönlichkeit der sogenannten Gründerjahre, war bereits 60 Jahre alt, als er in die Kratfahrzeugbranche einstieg. Der gebürtige Niedersachse, Jahrgang 1843, hatte in Braunschweig studiert, das Schmiedehandwerk erlernt und sich eine zeitlang als Fahrradhändler versucht, ehe er sich dem damals stark prosperierenden Eisenbahnwesen zuwendete. Er konstruierte Stellwerke, Signal- und Sicherungsanlagen, und die Zahl von 92 Patenten beweist, daß es diesem Mann an Erfindungsgeist nicht mangelte. Max Jüdel, Büssings Finanzier und Partner in der »Eisenbahn-Signal-Bauanstalt«, erkannte die Fähigkeiten seines Compagnons schon bald und förderte ihn nach Kräften.

Die Entwicklung des Automobils, das in den späten neunziger Jahren des vorigen Jahrhunderts allmählich Verbreitung fand, beschäftigte Jüdel wie Büssing in gleichem Maße wie das Bahnwesen, wobei sie zu der Überzeugung kamen, daß vor allem der Nutzfahrzeugbau eine große Zukunft haben würde. Es blieb nicht bei Mutmaßungen: Mit seinen Söhnen Max und Ernst gründete Büssing im Jahre 1903 in Braunschweig eine »Spezialfabrik für Motorlastwagen und Motoromnibusse«. Max Jüdels Rolle ist hierbei nirgends vermerkt; vermutlich hielt er sich als stiller Teilhaber im Hintergrund. Büssing verfügte jedenfalls über beträchtliche Mittel, die eine Beteiligung Jüdels auch an seiner neuen Firma vermuten lassen.

Auflieger-Zugmaschine von 1933: Büssing-NAG Typ WG.

Anfang 1903 stand der erste Büssing-Lastwagen auf seinen Vollgummirädern. Der Motor hatte zwei Zylinder, eine obenliegende Nockenwelle und eine Leistung von neun PS. Gründlich, wie Heinrich Büssing war, ließ er diesen Lastwagen mit Kettenantrieb zur Hinterachse für die Dauer von drei Monaten auf den steilen Straßen der Harzberge erst einmal erproben, beladen mit drei Tonnen Last. Anschließend wurde der Wagen zerlegt und auf etwaige Mängel untersucht. Die Vermutung, es habe sogleich zehn Exem-

Büssing-NAG 5-Tonner mit Holzgas-Generator im Dienste der Reichsbahn, Baujahr 1941.

Büssing-NAG 5000 A (Allrad), zu dessen Herstellung es einer Genehmigung durch die Besatzungsbehörden bedurfte.

14F699

Ländliche Idylle für Nostalgiker: Die »Regenwalde«, die Borsig-Schmalspurlokomotive von 1930 der Selfkant-Bahn und ein Büssing 5000 S von 1947-50.

plare dieses Kettenwagens gegeben, ist nicht belegbar. Wahrscheinlich war es die willkürlich gewählte Fabriknummer 10, die Büssings Prototyp trug und die später für einige Irritation sorgte.

Heinrich Büssing kannte die Schwächen vieler seinerzeit auf dem Mark befindlicher Automobile und wollte vermeiden, daß seine Fahrzeuge zu Reklamationen Anlaß gaben. So wurden die ersten Lastwagen und Omnibusse nicht verkauft, sondern im eigenen Betrieb getestet, was sich insoweit durchführen ließ, als Büssing eine Omnibus- und Postlinie zwischen Braunschweig und Wendeburg sowie ein Speditionsunternehmen gründete. Beide Gesellschaften betrieb er mit den von ihm hergestellten Fahrzeugen. Eine kluge Idee, wie sich erweisen sollte: Die Umsätze beider Firmen spielten die Aufwendungen für den Bau der Fahrzeuge schon bald herein und warfen darüberhinaus Gewinn ab, die man in Grundstückskäufe anlegte - es galt, für eine Produktionsausweitung Sorge zu tragen, die Büssing anstrebte.

Erst als sich die Zahl der unvermeidlichen Mängel an seinen Lastwagen und Omnibussen soweit reduziert hatte, daß Büssing keine Beanstandungen seitens seiner Kunden mehr fürchten mußte, baute er seine Nutzfahrzeuge auch für den Verkauf. Gemeinsam mit dem Reifenhersteller Continental startete er 1906 Versuche, Luftreifen an Lastwagen zu montieren, und er war einer der ersten, die dazu übergingen, sie serienmäßig mit Pneumatiks auszustatten. Büssing wurde später der »Pionier des Riesenluftreifens« genannt.

Die in der Lkw-Branche so erfolgreiche Maßnahme der staatlichen Subvention bestimmter Nutzfahrzeugtypen, die in Deutschland ab 1907 einsetzte, verschaffte der Firma Büssing einen spürbaren Auftrieb. Die zuverlässigen Lastwagen aus Braunschweig ließen sich ohnedies ausgezeichnet verkaufen, und als der Staat jedem Käufer eines »Regeltyps« einen Zuschuß gewährte, erfuhr der Büssing-Umsatz zusätzlichen Auftrieb.

Büssing konstruierte und baute auch eine Vielzahl von Sonderfahrzeugen wie Seilwindenwagen, Artillerieschlepper, Allrad-Lastwagen und Feuerlöschfahrzeuge. Hatte es vor 1914 noch überwiegend kettengetriebene Modelle gegeben, so entschied man sich nach 1918 endgültig für den Kardanantrieb. Und 1924 wurde der erste Dreiachser mit zwei angetriebenen Hinterachsen vorgestellt. Eine drastische Typenreduzierung und die Einführung von Fließbandarbeit nach amerikanischen Vorbildern sicherten der Firma eine wirtschaftliche Fertigung, die Verluste der frühen zwanziger Jahre bald ausglich.

Heinrich Büssing verstarb 1929 im Alter von 89 Jahren als Ehrenbürger der Stadt Braunschweig. Sein Sohn Max, inzwischen

Büssing 8000 S von 1954. Der 13,6 Liter große Dieselmotor leistete 180 PS bei nur 1600 Touren; das Getriebe wies sechs Vorwärtsgänge auf. Büssing baute aber noch sehr viel größere Motoren, etwa einen Sechszylinder mit 15 Liter Hubraum, wie er im Typ 12000 zu finden war.

Ein Klassiker unter den Büssing-NAG Lastwagen: Ein Modell 4500 S, das es in den Jahren 1941 bis 1947 gab. Viele von ihnen absolvierten klaglos Hunderttausende von Kilometern.

Ein massives und starkes Brauereipferd ist dieser Büssing VI GL Dreiachser aus dem Jahre 1928.

Ehrensenator an der Technischen Hochschule Braunschweig, übernahm anschließend die Position des Aufsichtsratsvorsitzenden; Paul Werners, ein Schwager Heinrich Büssings, erhielt den Posten als Generaldirektor. Unter seiner Leitung gedieh Büssing zu einer Weltfirma.

1928 hatte Büssing die Betriebseinrichtungen, Werkzeuge und Materialvorräte des in Konkurs gegangenen Aachener Lastwagenherstellers Mannesmann-Mulag übernommen; 1930 kamen die Anlagen der Automobilfirma Komnick in Elbing/Ostpreußen hinzu. Die Mannesmann-Tochter in Aachen hatte die Mulag-Werke 1913 von der ehemaligen Firma Scheibler gekauft, die seit der Jahrhundertwende im Geschäft war, und die Lastwagen von Mannesmann-Mulag erfreuten sich wegen ihrer robusten Bauweise eines guten Rufes. Die Übernahme von Komnick hatte für Büssing insofern einen Reiz, als dieses Fabrikat besonders im östlichen Europa gut vertreten war, auch durch Traktoren.

Als die Weltwirtschaftskrise überall einen Absatzstau und dessen Folge große geschäftliche Verluste verursachte, erwiesen sich die Zukäufe aus Aachen und Elbing eher als Ballast. Vorsorglich schloß Büssing sich mit der Nationalen Automobil-Gesellschaft AG (NAG) in Berlin zusammen – eine Ehe, die zwar aus reinen Vernunftsgründen gestiftet wurde, dennoch als glücklich zu bezeichnen war und beiden Partnern nur Vorteile brachte. Die für ihre innovative Dynamik bekannte Firma NAG hatte zuvor die in Chemnitz ansässige Presto-Werke AG – seit 1913 im Lkw-Geschäft – übernommen; die Aussicht auf zwei gut ausgestattete Betriebsstätten paßte hervorragend ins Expansionskonzept der Braun-

TRANSPORTE
SCHLOTMANN
Lagerung
MK T 30

Links: Ein großes, dennoch elegantes Kaliber ist der Büssing Möbelwagen »Burglöwe« LU 5/10 M, ein Frontlenker von 1963.

Ein Kieslaster, wie wir ihn nur noch aus Erzählungen kennen. Dieser Hauben-Büssing ist ein 8000 S mit 150 PS von 1950.

Büssing 6000 A Allrad-Sattelzugmaschine, gebaut 1953, ausgelegt für eine Sattellast von 7,5 t.

Ein Klassiker ist auch der Büssing Commodore SAK. Dieses hervorragend restaurierte Exemplar stammt von 1967.

Büssing Kipper vom Typ 4500, Baujahr 1955, mit 100 PS starkem 5,5-Liter-Dieselmotor.

Von Gaubschat, Berlin, karossierter Büssing 6000 S von 1952 – es muß um die Bockbierzeit gewesen sein!

schweiger und kompensierte die Risiken durch weniger rentable Betriebe. Die Büssing-NAG Vereinigte Nutzkraftwagen AG überstand die dreißiger Jahre bestens und wurde erst 1949 aufgelöst, nachdem man über die in Ostdeutschland und Ost-Berlin liegenden Fabrikationsstätten nicht mehr verfügen konnte - sie lagen auf DDR-Territorium und damit hinter dem vielzitierten Eisernen Vorhang.

Im Lastwagen- und im Omnibusbau erwarb sich Büssing-NAG einen geradezu legendären Ruf. Zum Beispiel wurden die meisten der in Berlin verkehrenden Doppeldecker-Busse von Büssing-NAG geliefert. Auch aus dem Ausland kamen umfangreiche Aufträge. Bis 1939 war Büssing-NAG weltweit in 54 Ländern vertreten.

Seit 1932 führte Büssing-NAG auch Diesellastwagen im Programm. Um professionelle Chauffeure mit dieser Antriebstechnik vertraut zu machen, gründete die Firma Büssing-NAG in Braunschweig eine »Dieselschule«. Um jene Zeit entstand auch der erste Büssing mit Unterflurmotor - ein Diesel-Sechszylinder liegender Bauweise, der unter dem Fahrersitz vor der Vorderachse in zwei- und dreiachsige Chassis eingebaut wurde. Diese von Ing. Paul Arendt geschaffene und in intensiver Arbeit laufend verbesserte Bauart ging 1935 in Serie und wurde für Büssing in den kommenden Jahrzehnten ein konstruktives Hauptmerkmal.

Konstruktionschef des Motorenbaus war in den dreißiger Jahren der in Marseille geborene Dr.-Ing. Franz Zahren. Als er zu Büssing kam, war er 33 Jahre alt. Sehr bald übernahm er die Verantwortung für den gesamten Motorenbau; in seiner Regie entstanden die Flachmotoren, die Paul Arendt so meisterhaft in das Unterflurchassis einzufügen verstand. Zahren übte seine Position bis

Büssing-NAG Baustellen-Kipper von Meiller, Modell 7000, Baujahr 1949.

zum Jahre 1955 aus und machte während dieser Zeit zahlreiche Erfindungen, die in den Büssing Motorenbau Eingang fanden.

Als der Zweite Weltkrieg ausbrach, stellte Büssing vorwiegend 4,5-Tonner für die Wehrmacht her, viele davon mit Allradantrieb. Auch andere Militärfahrzeuge, zum Beispiel ein achträdriger Panzerspähwagen, liefen bei Büssing vom Band.

Luftangriffe zerstörten das Stammwerk in Braunschweig ganz erheblich. Ein Neuanfang vollzog sich 1945 daher nur unter großen Schwierigkeiten, dennoch konnte die Produktion Ende 1947 wieder aufgenommen werden. Erneut war es ein Lkw mit Unterflurmotor, der für Aufsehen sorgte, als er 1949 auf der Exportmesse in Hannover gezeigt wurde. Er lief als letzter Lastwagen unter der Bezeichnung Büssing-NAG.

1951 folgte eine noch größere Ausführung in dieser Bauart; dies war ein Dreiachser mit 12 Tonnen Nutzlast und einem 175 PS starken 9,9-Liter-Sechszylinder. Es fanden sich allerdings nur wenige Abnehmer für dieses Modell; in den mittleren Kategorien war Büssing erfolgreicher. Parallel zu den Unterflurtypen baute man bei Büssing auch Hauben- und Frontlenkerfahrzeuge.

Das Privatunternehmen Büssing wurde 1960 erneut in eine Aktiengesellschaft umgewandelt, vor allem zu dem Zweck, um auf dem öffentlichen Kapitalmarkt Mittel für eine Expansion und die dringende Modernisierung des Braunschweiger Werkes zu bekommen. 1961 übernahm Büssing die Borgward-Lastwagenwerke in Bremen – ein Betrieb, der jedoch keine Rendite abwarf, so daß Büssing dieses Werk 1969 an Faun weiterveräußerte. Auch ein in

Büssing Sattelzugmaschine 8000, Baujahr 1954, mit einem 180 PS starken 13,6-Liter-Sechszylinder Dieselmotor.

Emden aufgezogener Betrieb fuhr nur Verluste ein; ihn übernahm später das Volkswagenwerk.

Inzwischen hatte Büssing, einst Zuflucht schwächerer Unternehmen in Krisenzeiten, es selbst bitter nötig, sich an einen starken Partner anzulehnen. Man fand ihn in MAN, den prominenten Lastwagenhersteller im Konzern Gutehoffnungshütte AG. Es kam zu einer Beteiligung, die nach und nach einen größeren Umfang annahm, bis Büssing Ende 1974 von MAN zur Gänze geschluckt war. In MAN-Regie wurden etliche Büssing-Modelle zwar weitergebaut, aber auf das MAN-Programm abgestimmt - eigenständige Firmenpolitik hatte Büssing ab 1971 nicht mehr betreiben können.

Unter der großen Zahl interessanter Lastwagen-Baureihen, die Büssing in den sechziger Jahren noch anzubieten hatte, ist vor allem die mit dem Namen »Burglöwe« in bester Erinne-

Büssing Commodore als Sattelschlepper, restauriert von einem holländischen Lkw-Liebhaber. Die Commodore-Baureihe gab es von 1961 bis 1967; ihre Dieselmotoren hatten Leistungen zwischen 192 und 210 PS.

Emblem mit Geschichte: Büssing und NAG hatten 1931 fusioniert. In der Firmenbezeichnung fiel der Name NAG erst Ende 1950 (einst stand er für Nationale Automobil-Gesellschaft) weg.

Das Wappentier der Welfen, ein stolzer Löwe, lebt bis heute im Lkw-Bereich weiter – als Emblem beim MAN-Schriftzug. 1972 wurde Büssing an die Firma MAN angegliedert.

Auch dieser Büssing BS 16 L hat die Jahrzehnte klaglos überdauert und wird als Sammlerstück der Nachwelt erhalten.

Büssing BS 16 L Fernlastzug von 1971 für 8 t Nutzlast – mit 2,4 Millionen Kilometern auf den Achsen. Moderne, schlichte Frontlenker-Fahrerhäuser kennzeichneten diese jüngste und letzte Büssing-Generation.

Büssing Frontlenker der Baureihe 12000 U von 1951-54 in nahezu neuwertigem Zustand. Der Unterflur-Sechszylinder hat 180 PS.

rung. Es gab diese Fahrzeuge in Unterflurbauweise und als Haubenlaster mit zurückversetzter Vorderachse; als Antriebsaggregat diente ein 5,9-Liter-Vorkammerdiesel. Eine Vielzahl von Aufbauten und Einsatzzwecken machten den Burglöwen zu einem Universal-Lkw.

Mit einem neuen Sechszylindermotor von 12,3 Liter Hubraum, genannt U12 D, trat Büssing 1968 zu einer letzten großen Offensive an. Er ergänzte die Reihe der exzellenten Vorkammer- und Direkteinspritz-Aggregate U5, U7, U7 D, U11, U11 D, S11 und S11 D, hatte 240 PS und erwarb sich bei den Kapitänen der Landstraße den Ruf, einer der langlebigsten Büssing-Motoren zu sein. Laufleistungen von 500.000 Kilometern waren keine Seltenheit, wie gern berichtet wurde.

Spezialfahrzeuge vom Typ Commodore mit tiefergesetztem Fahrerhaus für den Flughafendienst, Bundeswehr-Kübelwagen und schwere Baustellenkipper lieferte Büssing Ende der sechziger Jahre ebenso wie 200 bis 250 PS starke Sattelzugmaschinen oder Pritschenwagen mit einer oder zwei angetriebenen Achsen. Unter MAN-Führung wurde der Markenname Büssing ab 1971 noch einige Jahre weitergeführt, schließlich blieb aber nur mehr der Braunschweiger Löwe als Markenzeichen im MAN-Kühler übrig. Büssing-Freunde in aller Welt bedauerten das Verschwinden des traditionsreichen Namens sehr …

Büssing Commodore U als Frontlenker von 1966 mit längsliegendem Unterflurmotor.

Schwere Faun-Straßenzugmaschine
F 610/36 Z von 1965/66.

FAUN

Sehr groß, sehr schwer, sehr teuer …

Faun Lastwagen von 1928 mit einer Nutzlast von 6,5 t.

Faun ist ein weltbekannter Name für schwere Spezialfahrzeuge, und man vermag sich kaum vorzustellen, daß unter dieser Marke auch ganz »normale« Lastwagen im herkömmlichen Sinne angeboten wurden.

Die Marke Faun war einst in der Kategorie der 1,5- und 2-Tonner vertreten, und in den zwanziger Jahren gab es sogar Personenwagen dieses Fabrikats. Nur waren diese Fahrzeuge sehr aufwendig gebaut und viel zu teuer, um sich auf dem Markt durchsetzen zu können. Auf einige der großen Faun-Giganten aus Nürnberg traf dies allerdings ebenfalls zu.

In den typischen Farben Gelb und Rot der Kies- und Baustoff-Firma Bölling lackierter Faun L7Z von 1950 – ein Klassiker unter den großen Lastwagen der frühen fünfziger Jahre. Der 165 PS starke Deutz-Sechszylinder dieses Kippers (8,25 t Nutzlast) hatte 13,6 Liter Hubraum und 165 PS Leistung.

Links: Diese Faun Zugmaschine von 1939 hatte einen 100 PS starken Maybach-Benzinmotor von 4,2 Liter Hubraum unter der Haube. Es war der gleiche Sechszylinder, den es auch im luxuriösen Personenwagen SW 42 (dort mit 140 PS) gab.

Die Markenbezeichnung Faun stammt nicht etwa aus der Mythologie; vielmehr setzt sie sich aus den Anfangsbuchstaben der Firmenbezeichnung »Fahrzeugfabrik Ansbach und Nürnberg« zusammen - eine Aktiengesellschaft, die 1918 aus der Fusion der Fahrzeugfabrik Ansbach AG mit der Nürnberger Feuerlöschgeräte- und Maschinenfabrik vormals Justus Christian Braun entstanden war.

Mit der Kraftfahrzeugproduktion hatte man in Ansbach im Jahre 1906 begonnen. Die Tradition der Nürnberger reicht bis ins Jahr 1845 zurück; die dort ansässigen »Premier-Werke« stellten anfangs Feuerlösch-Handpumpen her, ab 1886 auch Spritzen mit Dampfbetrieb. 1909 übernahm Justus Christian Braun die Nürnberger

Faun F 68 L 1959/60, aufgenommen in einem Hafen in der Türkei.

Maurer-Werke, die mit einer ganz besonderen, wenn auch nicht sehr durchsetzungsfähigen Automobilkonstruktion für Aufsehen gesorgt hatten: Maurer-Fahrzeuge wiesen einen stufenlosen Reibradantrieb auf. Braun setzte die Fertigung des Reibradwagens in kleinen Stückzahlen bis 1911 fort und ließ dann ein nicht weniger interessantes Fahrzeug folgen. Es hatte Elektroantrieb und basierte auf Patenten der französischen Firma Balachowsky & Claire. Doch auch mit diesem Automobil, bei dem sich die Antriebsmotoren in den Naben der Hinterräder befanden, vermochte Braun kaum Käufer zu finden, und mit einem Fahrzeug, das unter der Marke Braun kurz vor dem Ersten Weltkrieg herauskam und einen konventionellen 4/12-PS-Benzinmotor aufwies, hatte er ebensowenig Glück. Die aufwendige Bauart bedingte nämlich einen hohen Verkaufspreis, und der Wettbewerb war hart … Braun mußte, als der Verlust immer größere Dimensionen annahm, Konkurs anmelden.

Die Premier-Werke standen zum Verkauf. 1916 übernahm sie der Industriekaufmann Karl Schmidt, der zuvor bei Maybach in Friedrichshafen gearbeitet hatte. Unter seiner Leitung kam es zu der Fusion mit den Ansbachern. Doch erst am 23. Juni 1923 konstituierte sich die Faun-Werke AG, um mit der Herstellung von Feuerlöschgeräten zu beginnen. Schmidts Ziele waren höhergesteckt:

Sattelschlepper-Zugmachine Faun L 7 Z, deren Sechszylindermotor – wie bei Faun üblich von Deutz stammend – 13,6 Liter Hubraum hatte und 150 PS bei nur 1600/min leistete. Die Abmessungen des Fahrerhauses muten uns heute sehr bescheiden an.

Faun F 68, gebaut in der Zeit von 1955 bis 1961. Der luftgekühlte V8-Motor von Deutz hatte 10,7 Liter Hubraum und 170 PS.

Faun F 687 von 1962. Von den Modellen 688 und 689 unterschied sich dieser 16-Tonner durch den Radstand sowie durch die Leistung der luftgekühlten V8-Motoren, die von 192 bis 230 PS reichte.

Er plante den Nutzfahrzeugbau in großem Stil, und durch unermüdliche Akquisition vermochte er 1921 schließlich einen Auftrag der Berliner Omnibusgesellschaft ABOAG zu erhalten, der 125 Fahrgestelle für 55sitzige Doppeldecker umfaßte. Schmidt ließ sie mit Maybach-Sechszylindermotoren ausrüsten, das Stück 410 kg schwer und 100 PS bei 1900 Touren leistend.

Unter dem Namen Faun gab es 1923 bis 1925 auch kleine Personenwagen. Sie fielen aber bald dem harten Konkurrenzkampf zum Opfer, denn die Autos waren zwar qualitativ hervorragend, aber auch relativ teuer. Als man ihre Produktion einstellte, war auch die Firma Faun so gut wie am Ende. Dabei waren die ab 1921 hergestellten Lastwagen ausgezeichnete Fahrzeuge – sie alle hatten 22/70 PS Maybach-Motoren und den elektrischen Hinterradantrieb von Balachowsky & Claire. 30 dieser Fahrzeuge liefen im Dienst der Reichspost. Faun hatte es immerhin geschafft, sich in die Gruppe der zehn bedeutendsten Nutzfahrzeugherstellern Deutschlands emporzuarbeiten. Das Werk in Nürnberg beschäftigte 1177 Mitarbeiter.

Im Zuge einer Reorganisation veräußerte 1926 Karl Schmidt die Ansbacher Dependance und konzentrierte sich auf den Nürnberger Betrieb, dessen Aktienmehrheit die Essener Fried. Krupp AG übernommen hatte. Die neue Firmenbezeichnung lautete nun Faun-Werke GmbH, Kommunalfahrzeuge und Lastkraftwagen.

Das 1927er Faun-Programm umfaßte Kehrichtwagen, Straßenreinigungs- sowie Servicefahrzeuge für Straßenbahn-Oberleitungen und Fahrgestelle für Omnibusse, deren Aufbauten die Uerdinger Waggonfabrik lieferte.

Die zunehmende Spezialisierung auf Kommunalfahrzeuge brachte es mit sich, daß auf den Namen der Firma Faun eine ganze Reihe von Erfindungen angemeldet wurde. So kam auch der erste

Dieser Faun hieß Sepp – welch schöner Beiname für den F 60 Kipper von 1954/55, motorisiert mit einem luftgekühlten 8 Liter Deutz-Diesel, 130 PS stark.

Straßenreinigungswagen mit rotierender Bürste, 1929 in Betrieb genommen, von Faun.

Eine eigene Motorenfertigung gab es bei Faun nicht. Karl Schmidt setzte auf den damals aufkommenden Dieselmotor und wartete vorausschauend auf den Zeitpunkt, zu welchem er sich die besten Aggregate prominenter Hersteller auswählen konnte. Die Chancen standen ab 1930 recht gut, und Schmidt entschied sich für Deutz – eine Verbindung, die sehr lange Bestand haben sollte. Noch immer hatten Faun-Fahrzeuge elektrischen Hinterachsantrieb, der sich besondes bei geringen Geschwindigkeiten und im Stop-and-go-Verkehr der Großstadt bewährte.

Die Geschäfte gingen so ausgezeichnet, daß Karl Schmidt 1934 imstande war, die Faun-Aktienmajorität von Krupp zurückzukaufen. Die jetzt unter Faun Werke Kommunalfahrzeuge und Lastkraftwagen Karl Schmidt firmierende Gesellschaft blieb bis 1963 in Privatbesitz. 1935 war Schmidts Sohn Karl-Heinz, promovierter Ingenieur der Technischen Universität München, in die Firmenleitung berufen worden und wurde nach dem Tode seines Vaters im Jahre 1938 deren Alleininhaber; er war damals erst 28 Jahre alt.

1939 entstand der schwere Vierachser Faun L 1500 D587 mit einem Gewicht von 26 t. Seine Besonderheiten waren zwei gelenkte Vorder- und zwei angetriebene Hinterachsen. Es gab acht Vorwärtsgänge, Druckluftbremsen und eine Frontlenker-Kabine; der Achtzylinder-Dieselmotor hatte 200 PS. Allerdings wurde dieses Fahrzeug nur in drei Exemplaren gebaut. Denn als in Deutschland Ende der dreißiger Jahre die Kraftfahrzeugindustrie in die Aufrüstungspläne der Regierung einbezogen wurde, entstanden unter der Leitung des Oberst Adolf von Schell Pläne zur Umstrukturierung der gesamten Branche. Faun, so hatte der Generalstab der für die Kraftfahrzeugwirtschaft zuständigen Heeresverwaltung vorgesehen, sollte ohne militärischen Sonderauftrag keine Spezialgiganten mehr bauen, sondern nur mittelschwere Lastwagen mit 6,5 t Nutzlast unter Verwendung eines Einheits-Dieselmotors von Büssing, Krupp und MAN. Solche Fahrzeuge stellte Faun weisungsgebunden neben anderen Militärfahrzeugen – darunter einen großen Frontlenker mit 200-PS-Deutz-Dieselmotor für die Panzerverladung – bis 1943 her.

Das Werk in Nürnberg fiel in jenem Jahr einem Bombenangriff zum Opfer. Karl-Heinz Schmidt zog mit dem verbliebenen Maschinenpark seines Unternehmens aufs Land und versuchte, in Lauf an der Pegnitz 1944 einen Ausweichbetrieb zu errichten. Als der Krieg vorüber war, baute er hier mit nur zwölf Mitarbeitern zunächst wieder Kehrichtwagen.

1946/47 kamen einige Behelfshallen hinzu, in denen eine neue Lkw-Produktion anlief. So standen schon Anfang 1947 einige 6,5-Tonner nach 1939er Baumuster sowie eine Anzahl schwerer Zugmaschinen mit 150-PS-Motoren auf den Rädern. 1949 betrug die monatliche Fertigung bereits wieder 60 Fahrzeuge.

Mit der Erholung von den Kriegsfolgen stieg der Bedarf an Kommunalfahrzeugen, auf den sich Faun wieder zu spezialisieren wußte. Aber es entstanden auch konventionelle Zweiachser für den Langstreckenverkehr, für die Faun Aufbauten bei Schenk in Stuttgart anfertigen ließ.

1950 arbeiteten in Lauf inzwischen mehr als 900 Personen. Größtes Faun-Fahrzeug jener Zeit war ein 20-t-Muldenkipper. Mit einem 4x4-Arbeitsfahrzeug für 10 t Nutzlast erregte Faun 1951 ebenfalls Aufsehen; der Motor war ein Deutz-Diesel vom Typ F6L 514. Ein Jahr drauf schloß sich Faun einer Arbeitsgemeinschaft der Firmen Krupp-Südwerke, Kaelble, F.X. Meiller und Toussaint & Hess an, um gemeinsam ein Kipperprogramm von 8 bis 32 t zu erstellen. Daneben ging man den Weg der kreativen Diversifikation weiter: Unter dem Namen Faun entstanden die ungewöhnlichsten Spezialfahrzeuge, zum Beispiel drei- und vierachsige Mobilkräne sowie Baustellenfahrzeuge mit luftgekühlten V12-Dieselmotoren von 250 PS. Die Hauben-Schwerlaster F60 bis F66 mit 8-Liter-Sechszylindermotor, gebaut von 1950 bis 1961, trugen übrigens einprägsame Namen: Sie hießen »Sepp«, und die Fahrzeuge mit 11-Liter-V8-Motor nannte man »Franz«.

Mitte der fünfziger Jahre unternahm Faun den Versuch, auf dem Sektor der mittleren Nutzfahrzeuge gegen Mercedes-Benz, Opel und Ford zu konkurrieren. So kamen 1957 ein 1,5- und 2-Tonner auf den Markt, denen Ausführungen mit 1,7, 2,3 und 3 t Nutzlast folgten. Diese Fahrzeuge waren Konstruktionen, die bis 1955 unter der Marke Ostner hergestellt worden waren. Faun hatte die 1932 gegründeten Ostner-Werke in Sulzbach-Rosenberg übernommen, stellte 1968 die Herstellung dieser Fahrzeugreihe aber wieder ein. Die Transporter der Typen F24 und F284 hatten Deutz-, Kämper- oder MWM-Dieselmotoren oder Ford-Vierzylinder-Benzinmotoren unter der Haube. Auch gab es ein Modell mit IHC-Diesel. Im Vergleich zur Konkurrenz waren diese Lastwagen aber zu teuer, um sich durchsetzen zu können. Faun zog sich aus diesem Segment wieder zurück.

Es blieb nicht aus, daß Faun auch wieder Militäraufträge erhielt. So entstanden nicht nur Spezialfahrzeuge aller Größen, sondern nach dem Vorbild des amerikanischen »Mighty Mite« auch ein kleiner Gelände-Lkw von nur 600 kg Gewicht, der sich mit dem Flug-

Grau und unscheinbar, aber bärenstark: Faun Zugmaschine L 7 R mit Doppelkabine, Baujahr 1948-51. Die kurze Pritsche diente als Ballastkasten. Vom L 8 Z gab es ein Nachfolgemodell ähnlichen Aussehens bis 1962. Die Anhängelast betrug 30 Tonnen.

zeug transportieren und per Fallschirm abwerfen ließ. Ausgestattet mit einem 750-ccm-Boxermotor von BMW, wurde der Faun Kraka (Abkürzung für »Kraftkarren«) von 1956 bis 1974 in etwa 1000 Exemplaren gebaut. Weitere Aufträge folgten; Faun lieferte in den nächsten 14 Jahren mehr als 10.000 Fahrzeuge, vornehmlich schwere Kaliber, an die Bundeswehr.

Für eine verhältnismäßig kleine Firma wies das Faun-Produktionsprogramm eine enorme Bandbreite auf. Doch konsequent angewendete Konstruktionsprinzipien garantierten Rentabilität. So verwendete Faun zum Beispiel nur zwei Basismotoren. Die Faun L 908 6x6-Zugmaschine und die Mobilkräne hatten einem V8-Diesel von Deutz (12,7 Liter, 178 PS), während der Faun L 912 bei identischem Chassis mit einem Deutz V12 (16 Liter, 250 PS) ausgestattet war. Unter der Bezeichnung L 912 VSA und L 1212 VSA gab es Tieflader für den Panzertransport, angetrieben durch Deutz-V12-Diesel von 19 Liter Hubraum und 300 PS.

1961 ging Faun die Partnerschaft mit der Société des Forges et Chantiers de la Méditerranée in Paris ein, um auf einer ehemaligen Schiffswerft in Frankreich Schwerlastwagen herzustellen. Doch die FAME GmbH löste sich auf, ehe auch nur ein Fahrzeug gebaut wurde.

Nach wie vor sah Karl-Heinz Schmidt, jetzt 50, in der Diversifikation große geschäftliche Chancen. So nahm er die Gelegenheit wahr, die Nürnberger Zweirad Union zu übernehmen, die nicht nur Mopeds und Leichtmotorräder herstellte, sondern auch Komponenten für Faun-Lastwagen. Ab Ende 1961 gehörte das Werk zur Faun-Organisation.

Bei den schweren Lastwagen sah man bei Faun keine obere Grenze. Der Mobilkran K 250 bekam 1964 das schwere Fahrgestell LK 1208/59, ein Jahr später ging ein vierachsiger Muldenkipper für

32 t Nutzlast in Produktion. Die 1966 vorgestellte L 1212/45 Zugmaschine mit ihrem 300 PS starken V12-Diesel von Deutz hatte ein Gesamtgewicht von 175 Tonnen.

Das 1968er Faun-Programm umfaßte sieben Muldenkipper von 12,5 bis 40 t Nutzlast. Krupp hatte die eigene Kipperfertigung inzwischen eingestellt - Grund für Faun, den Verkauf, den Kundendienst und die Ersatzteilfertigung für Krupp fortzuführen. Eines der ungewöhnlichsten Fahrzeuge, das Faun damals baute, war der L 908 TRPW, ausgelegt für 35 Tonnen und für den Abtransport von Hochofenschlacke gedacht.

Als 1969 das Büssing-Zweigwerk in Osterholz-Scharmbeck (einst ein Borgward-Werk) zum Verkauf stand, griff Faun sofort zu; ein Jahr später kam ein Betrieb in Butzbach, Hessen, hinzu. Nach Osterholz-Scharmbeck verlegte man die Kommunalfahrzeugproduktion; 1970 wurde dort die 1000. Straßenkehrmaschine ausgeliefert. Nach Butzbach verlegte man den Kipperbau. Giganten wie der K 75 entstanden dort - für 75 t Nutzlast. Angetrieben wurde das 64 km/h schnelle Ungetüm von einem 1000 PS starken MTU V12-Diesel von 59,2 Liter Hubraum.

1972 lieferte Faun den 1000. Mobilkran aus, und zwei Jahre später legte man die Faun-Kommunalfahrzeugfertigung mit der von Michael Streicher, Stuttgart, zusammen. Eine Lizenz zur Herstellung schwerer Muldenkipper vergab Faun 1976 an die jugoslawische Firma Fabrika Vagona in Kreljevo.

Ein Kommunalfahrzeug, das lange Jahre zum Straßenbild deutscher Städte gehörte: Faun Müllwagen F 687 V, wie er 1962 bis 1966 gebaut wurde.

Schwerlast-Zugmaschine Faun HZ 32.25/40 6x6 von 1975, ganz im Stil der neuen Zeit: kantig, massig, eindrucksvoll.

Faun Eilfrachter F 284 D/370 von 1963 mit seinem etwas eigentümlichen Frontstyling.

Faun Hercules 1987/88 in 6x6-Spezifikation. Der Allradgigant ist mit einem V12-Motor von rund 350 PS bestückt.

Mobilkräne, Sattelzugmaschinen, Flughafen- und Feuerlösch-Spezialfahrzeuge, Muldenkipper, Radlader, Plattformhubwagen, Industrieschlepper: Maschinerie der Superlative, die in alle Welt geliefert wurde. Der Name Faun stand für Einfallsreichtum, High-Tech und beste Qualität – die aber stets auch ihren Preis hatte.

Um die notwendigen Finanzmittel für weitere Expansionen hereinzubekommen, erfolgte im gleichen Jahr die Umwandlung in eine Aktiengesellschaft. Karl-Heinz Schmidt hatte sich bereits 1968 aus der Geschäftsleitung zurückgezogen, doch für die Faun-Werke AG wählte man ihn zum Vorsitzenden des Aufsichtsrats. Er starb nach einem erfüllten Leben am 13. Januar 1979. Unter der Führung Jürgen Rothsteins setzte die Firma Faun ihren expansiven Kurs fort. Zu weiteren Akquisitionen zählten 1977 der Radlader-Hersteller Frisch & Co., Augsburg, und der Baumaschinenhersteller Karl Mengele & Söhne, Günzburg. Im Januar 1980 schließlich erwarb Faun auch die Baumaschinen-Abteilung der Eaton Corporation, aus der die Trojan Industries Inc., Batavia, New York, wurde. Im gleichen Jahr übernahm Faun auch die Baulizenz der Kehrmaschine Kibo mit 1,6-Liter-VW-Motor.

Mit einem eindrucksvollen Schwerstfahrzeug kam Faun 1981 auf den Markt; es war für den Einsatz auf Bohrfeldern gedacht, und zwar unter extremen territorialen wie klimatischen Bedingungen sowohl in der Sahara wie in Sibirien. Der dreiachsige 6x6 lief unter der Bezeichnung HZ 40/50 und wurde von einem 525 PS starken Diesel-V12 von Deutz angetrieben. Das große Fahrzeug wurde aber nur als Prototyp gebaut, war auf zahlreichen Ausstellungen zu sehen – und ging niemals in Produktion. Es war selbst für die internationalen Ölmultis zu teuer...

Allmählich stellte sich heraus, die von Faun seit Jahrzehnten betriebene Expansionspolitik der Firma zum Schicksal wurde. Skeptiker hatten es vorhergesagt: Die Kapitalreserven waren verbraucht, die Umsätze stagnierten. Mitte der achtziger Jahre drohte dem Unternehmen die Schließung. Und wie im Jahre 1926, boten sechzig Jahre danach abermals die Essener Krupp-Werke ihre Hilfe an. Es kam zu einer Übernahme der Faun-Werke durch Orenstein & Koppel, eine 75prozentige Krupp-Hoesch-Tochter und seit 75 Jahren etablierte Baumaschinenfirma aus Dortmund. 1990 veräußerte O & K die Faun GmbH und deren Konstruktionsrechte an die japanische Tadano Ltd. Design und Entwicklung verblieben bei der deutschen Firma.

Der Name Faun war damit keineswegs verschwunden – man findet ihn wieder (oder immer noch) auf Straßenreinigungsgerätschaften, deren Fahrgestelle und Dieselmotoren inzwischen aber ausschließlich von Mercedes-Benz hergestellt werden.

Ford BB Dreitonner von 1943/44, wie er in großen Stückzahlen ans deutsche Militär geliefert wurde. In gleichem Stil wurde der BB auch bis 1952 noch gebaut.

FORD

Amerikaner made in Germany

Ein Ford AA als Begleitfahrzeug im Auftrage der Standard Oil auf der Deutschlandfahrt 1931.

Der robuste Ford AA wurde auch als Sattelzugmaschine verwendet, wie dieses Foto aus dem Jahre 1931 beweist.

Ford V8 Pritschenwagen als eleganter Erntehelfer im Jahre 1936.

Spricht man bei uns zulande von Ford als Nutzfahrzeugmarke, so verbindet man den Namen dieses traditionsreichen Automobilherstellers heute allenfalls mit der Transit-Baureihe. In erster Linie steht das Fabrikat Ford bei uns für Personenwagen, denn die Kölner Ford-Werke widmen sich seit vielen Jahren ausschließlich der Pkw-Fertigung.

Die amerikanische Muttergesellschaft hingegen hat eine lange Tradition im Nutzfahrzeugbau aufzuweisen und ist in dieser Branche auch heute noch bestens im Geschäft. Bereits im Jahre 1905, also noch vor dem Erscheinen des berühmten T-Modells, entstand

Die typische Frontpartie des Ford FK 3500 von 1956 mit blanken Gitterstäben und einer Stoßstange wie beim Pkw. Noch hatten die Autos damals Winker statt Blinker.

in Detroit ein leichter Transporter, genannt Modell E. Von ihm wurden allerdings nur zehn Exemplare gebaut; der erste in wirklich großen Stückzahlen aufgelegte Lastwagen war die Truck-Version des T-Modells. Dieser Eintonner kam im Kriegsjahr 1917 auf den Markt; frühere Nutzfahrzeug-Varianten der seit 1908 fabrizierten »Tin Lizzie« (Blech-Liesl), wie das T-Modell in den USA allgemein genannt wurde, hatten allenfalls Lieferwagencharakter. Dieser TT genannte Ford wurde mit nur geringen Änderungen 18 Jahre lang gebaut.

Auf deutschem Boden gibt es eine Ford-Tochtergesellschaft seit 1925. Der Betrieb befand sich ursprünglich in Berlin-Plötzensee und stellte Personen- und Lastwagen im Montageverfahren her; die

Der FK 3500 als Coca-Cola-Auto, Baujahr 1951.

Ford FK 4000 Baujahr 1955. Es gab knapp 9000 Stück von diesem Klassiker, die meisten mit V8-Motor, einige mit einem V6-Zweitaktdiesel.

Ford FK 2500 2,5-Tonner, wie es ihn von 1955 bis 1961 gab (auch mit Sechszylindermotor als FK 3500 und FK 4500). Zahlreiche Exemplare taten ihren Dienst beim Militär und beim Technischen Hilfswerk.

Ford FK 4000 S/D, von 1953 bis 1956 gebaut. Die Kühlerpartie erinnert an den frühen Ford Transit.

Die 1958er Ausführung des 3,5-Tonners FK 3500 Diesel mit Meiller-Absetzkipper.

Teile wurden überwiegend aus England - in Manchester war Ford seit 1911 ansässig - und aus den USA importiert. Einschließlich einiger Fordson-Traktoren belief sich die monatliche Montageproduktion im Berliner Westhafen-Gelände auf 700 bis 800 Fahrzeuge.

1928 erfolgte in Berlin wie in allen anderen Ford-Tochtergesellschaften die Umstellung vom inzwischen technisch längst überholten T-Modell zum sehr viel moderneren Modell A; dessen Nutzfahrzeugvariante trug die Bezeichnung AA. Dieses Fahrzeug hatte ein längeres und kräftigeres Chassis als der Personenwagen, vor allem stärkere Federn, aber den gleichen Vierzylindermotor mit 3,2 Liter Hubraum und 40 PS: Für dreieinhalb Tonnen Gesamtgewicht keine allzu starke Motorisierung. Es gab den Ford AA in zwei Fahrgestellmaßen und mit den unterschiedlichsten Aufbauten, die für Kunden auf dem hiesigen Markt in Deutschland angefertigt wurden.

Der Betrieb am Berliner Westhafen erwies sich nach Einführung der Modelle A und AA bald als zu klein für eine Ausweitung der Produktion. Bei Ford plante man zudem eine eigenständige und von Importen unabhängige Fertigung, um rentabler arbeiten zu können. Fahrzeuge unter Inanspruchnahme einheimischer Zulieferer herzustellen, kam ungleich günstiger als der Bezug und die Verarbeitung im Ausland hergestellter Komponenten, schon aus fracht- und zolltechnischen Gründen. Aus diesem Grunde schauten sich Manager der deutschen Ford Motor Company AG nach einem Areal um, auf dem eine neue Fabrik entstehen sollte. Am Rheinufer in Köln-Niehl wurden die Herren schließlich fündig.

Die Nähe zu einem Strom wie den Rhein sah man als unabdingbar an, denn die Rohmaterialanlieferung fand zum größten Teil auf dem Wasserweg statt. Auch gingen die fertigen Fahrzeuge häufig auf dem Binnenschiffahrtsweg stromauf oder stromab zu verschiedenen Verteilerplätzen. Köln bot zudem die geografisch günstige Nähe zu den Industriezentren im Ruhrgebiet.

Die Fabrik wuchs schnell in die Höhe; ihren Grundstein hatte der damalige Kölner Oberbürgermeister gelegt: Dr. Konrad Adenauer, der spätere Bundeskanzler. Am 4. Mai 1931 verließ das erste Fahrzeug das neue Fließband, ein Ford AA Lastwagen, der zunächst allerdings noch zu 75 Prozent aus eingeführten Teilen bestand. Dies sollte sich indessen bald ändern. Der Betrieb in Berlin wurde künftig als Fahrzeugdepot genutzt.

Mit Gesamtgewichten von 3,75 bis 6,3 Tonnen füllten die leichten Ford-Lkw in den siebziger Jahren die Lücke zwischen dem Transit und den Fahrzeugen der mittelschweren Serie, die seit 1960 aber nicht mehr in Deutschland fabriziert wurden.

Mit dem Umzug von der Spree an den Rhein hatte die Ford-Tochtergesellschaft auch einen neuen Namen erhalten: Ab 1932 lautete er Ford-Köln AG.

Mit einem Anteil von immerhin 20 Prozent am deutschen Lastwagenbestand der 1- bis 1,5-Tonner (Nutzlast) lag Ford deutlich vor dem Rivalen Opel; die Rüsselsheimer kamen damals auf 16 Prozent. Im Bereich der schwereren Fahrzeuge war der Ford-Anteil allerdings sehr viel geringer. Bei den 1,5-Tonnern handelte es sich um die Nutzfahrzeugversion des Typs BB, dessen Motor wie beim AA ebenfalls ein seitengesteuerter Vierzylinder war, jetzt aber 50 PS Leistung hatte. Ford-Köln bot das Fahrzeug bis zum Kriegsausbruch im Herbst 1939 an, wahlweise als Zwei- oder als Dreiachser. Die Zeile »Deutsches Erzeugnis« auf der Markenplakette am Kühler sollte verdeutlichen, daß diese Lastwagen jetzt keine importierten Bauteile mehr aufwiesen.

1937 stellte Ford einen Dreitonner mit einem V8-Aggregat von 3,6 Liter Hubraum vor, der wie der BB-Motor eigentlich der Pkw-Fertigung entstammte. Die Konstruktion dieses V8-51 genannten Dreitonners kam aus den USA, doch die auf dem deutschen Markt angebotenen Fahrzeuge hatten in Köln hergestellte Motoren. Später vergrößerte man den Hubraum auf 3,9 Liter und hob die Leistung von 85 auf 95 PS an. Mit diesem Lastwagen eroberten sich die Kölner nahezu 50 Prozent des deutschen 3-Tonner-Marktes – allein 1939 wurden vom V8-Modell 18.000 Einheiten hergestellt.

1939 firmierte die Ford-Köln AG in Ford-Werke AG um, und aus dem V8-51 wurde der G 917 T. Dieses Fahrzeug war technisch und stilistisch up to date und wurde bis 1942 gebaut, jetzt vornehmlich fürs Militär. Als Wehrmachts-Lkw trug der V8 die Bezeichnung V 3000 A; es gab auch eine Halbketten-Variante, allgemein »Maultier« genannt und ebenfalls mit dem 3,9-Liter-V8-Motor versehen.

Auf Veranlassung der Regierung kam es 1938 zwischen Ford und der Karosseriefabrik Ambi-Budd in Berlin-Johannistal zu einer Kooperation, die durchaus nicht im Sinne der amerikanischen Muttergesellschaft war – deren Intervention in der damaligen

Zeit allerdings nicht viel genützt hätte. Ausländische Einflußnahme auf Industrie und Wirtschaft, so legitim sie wie im Falle der US-Tochter Ford sein mochte, wurde im Dritten Reich strikt unterbunden. So bekamen die Kölner Ford-Werke die Auflage, in den Räumen der Firma Ambi-Budd Militärfahrzeuge montieren zu lassen. Es waren Schützenpanzer-Kraftwagen (SPKW) mit Maybach-Motoren und Raupenketten. Knapp 2000 dieser Fahrzeuge entstanden bei Ambi-Budd. 1941 wurden auf behördliche Anweisung auch die Firmen Borgward und Demag mit der SPKW-Produktion beauftragt.

Vier Tage nach dem Angriff der Japaner auf Pearl Harbor erklärte die deutsche Regierung Amerika den Krieg, und nur wenige Stunden danach deklarierten die Nationalsozialisten sämtliche der Familie Ford gehörenden Betriebe auf deutschem Boden sowie in den besetzten Gebieten von Athen bis Amsterdam als beschlagnahmt. Den französischen Ford-Werken war das gleiche Schicksal beschieden; die Betriebe in Straßburg und Poissy ordnete man der Kölner Verwaltung zu.

Nach dem Zweiten Weltkrieg oblag es wieder der Ford Motor Company in den USA, das Management ihrer europäischen Tochtergesellschaften zu besetzen. Detroit war auch bestrebt, die weit verstreuten Anteile ihrer deutschen Firma zurückzukaufen; 1957 befanden sich 98 Prozent der Aktien der Ford-Werke AG Köln wieder in den Händen der Ford-Familie.

Das Werk am Rhein lag 1945 allerdings größtenteils in Trümmern. Es dauerte bis 1948, ehe in Niehl wieder gearbeitet werden konnte. Der erste dort produzierte Lkw war ein Dreieinhalbtonner mit dem wohlbekannten 3,9-Liter-V8-Motor, wie es ihn im amerikanischen und im französischen Ford Pkw gab; alternativ konnte man das Fahrzeug aber auch mit einem 95 PS starken Sechszylinder-Diesel bekommen, ein Lizenzprodukt des Motorenherstellers Hercules und für den Nutzfahrzeug-Einsatz wesentlich besser geeignet.

Im Nutzfahrzeugbereich spielte auch der in Köln produzierte FK 1000 eine wichtige Rolle. Er wurde ab 1952 hergestellt und war eine Konstruktion Alfred Hasners, der zuvor den VW Transporter entworfen hatte. Der in selbsttragender Bauweise hergestellte Eintonner war ein universeller Vielzwecktransporter und der Vorfahr des legendären Ford Transit.

Der FK 1000 wurde mit einem 1,5-Liter-Benzinmotor (aus dem Ford Taunus) geliefert, doch viele Kunden hätten das Fahrzeug gern mit einem Diesel bestellt. Ford beauftragte schließlich den österreichischen Konstrukteur Hans List mit der Entwicklung eines 2,8 Liter-Zweitakt-Selbstzünders, der aber den Erwartungen nicht ganz entsprach.

Am anderen Ende der Skala rangierten die großen FK 2000, FK 3000 BB, FK 3500 V8 und FK 3500 D, die Ford zwischen 1951 und 1956 auf den Markt brachte. Eher konventionelle Fahrzeuge, wobei die mit dem 4,5 Liter Diesel (Lizenz Hercules) sich noch am besten bewährten; der V8-Benziner galt als unwirtschaftlich und nicht allzu robust. Serienmäßig wiesen die schweren Typen ein Fünfganggetriebe auf; wahlweise gab es eine zusätzliche Hinterachsenreduktion. 1956 kam eine neue Baureihe heraus, die einen 2,5-, einen 3- und einen 3,5-Tonner umfaßte; in Gestalt des FK 4500 gab es auch eine Allradausführung. Mit ihrer signifikanten Frontpartie fielen diese Lastwagen im Straßenbild überall auf. Die beiden großen Modelle hatten einen 120 PS starken 4,2-Liter-Wirbelkammer-V6-Diesel mit Roots-Gebläse – ebenfalls eine List-Konstruktion, die sich aber sehr viel besser bewährte als die 2,8-Liter-Ausführung.

1960 lieferten die Ford-Werke den 100.000. FK 1000 aus; knapp zwei Jahre später wurde dieses Modell durch den Transit abgelöst. Dessen Basismaschine war zunächst ein 55 PS starker V4-Benzinmotor, wie er auch im Ford Taunus Personenwagen seinen Dienst tat.

1949 bis 1956 gab es einen Kleinlaster namens Manderbach, in geringer Stückzahl in Wissenbach, Hessen gebaut – auch dieses Auto hatte einen Ford-Motor. Es war der 1,2 Liter des Ford Taunus.

Spätere Nutzfahrzeuge von 1,5 t Nutzlast aufwärts, die in Europa unter dem Ford-Markenzeichen verkauft wurden, kamen sämtlich aus dem Ford-Werk in Großbritannien. Auch die Transit-Fertigung erfreute sich nur einer verhältnismäßig kurzen Bauperiode in Deutschland; sie ging 1966 zu Ende. Seither wird der Transit, der 1965 in Gestalt eines völlig neuen, in England konstruierten Kurzhaubers präsentiert worden war, für den kontinentaleuropäischen Markt im belgischen Ford-Werk Genk hergestellt.

Diese schwere Straßenzugmaschine von Hanomag mit Doppelkabine und kurzem Ballastkasten wurde unter der Bezeichnung ST 100 bekannt und von 1946-51 gebaut.

HANOMAG

Tradition der Niedersachsen

Die Hannoversche Maschinenbau AG, vormals Georg Egestorff, in Linden bei Hannover hatte bereits im 19. Jahrhundert einen landesweit berühmten Namen für ihre Dampf-Lokomotiven. Und wie ihr späterer Partner Henschel in Kassel, der ebenfalls aus dieser Branche kam, wagten die Hannoveraner den Sprung von der Schiene auf die Straße – nur, daß man bei Hanomag einen ersten Versuch in dieser Richtung bereits im Jahre 1905 unternahm, bei Henschel aber nicht vor 1925.

Der erste Hanomag-Lastwagen war ein Dampfmobil, das in größerer Zahl hergestellt wurde. Das Antriebssystem baute man in Hannover nach Patenten des Ingenieurs Peter Stoltz (der die Rechte an seinem Dampfmotor auch an Krupp und an die Bergmann-Werke

Ganz kleiner Hanomag, ganz große Rarität: Ein 1928er Frontlenker mit 500-ccm-Einzylindermotor auf Basis des zweisitzigen 2/10 PS Personen-Kleinwagens namens »Kommißbrot«.

Mit seinem Zyklopenscheinwerfer in der Mitte des Frontschildes war der 1928er Hanomag 2/10 PS dem Pkw-Modell gleicher Konstruktion entfernt ähnlich, nur daß jenes den Motor im Heck aufwies. Der 0,75-Tonner lief 30 km/h …

Ein weiteres Exemplar der Zugmaschine ST 100, Baujahr 1951. Ihr Sechszylinder-Dieselmotor hatte 8,6 Liter Hubraum und leistete 100 PS bei 1550/min. Das gleiche Modell lieferte Hanomag als Sattelzugmaschine und als Pritschenlastwagen für 5 Tonnen Nutzlast (Modell HD 5 N).

Hanomag ST 20, eine kleine, aber kräftige Straßenzugmschine, wie sie 1946 bis 1950 der Kohlenhändler nebenan für seine schweren Anhänger verwendete.

Die SS 100 war die Vorgängerin der ST 100 Zugmaschine; dieses Exemplar stand einst der Luftwaffe im Dritten Reich zum Rangieren von Flugzeugen zur Verfügung.

Auch die nach dem Kriege noch gebaute Straßenzugmaschine hatte in den dreißiger Jahren ein Vorgängermodell, wie diese SS 2a von 1938 mit Einachs-Anhänger von den Waggonbauwerken Gotha in Thüringen.

Hanomag 3,5-Tonner als Kurzschnauzer mit Diesel-Sechszylindermotor, Modell 1933/34.

Hanomag Modell HDS 3,5 t Haubenlastwagen von 1937.

in Gaggenau verkauft hatte). Die Dampf-Lkw-Produktion währte bis zum Jahre 1908; anschließend konzentrierte man sich auf den Bau von Motorpflügen mit Benzolmotor, Konstruktion Körting. Das 80 PS starke Vierzylinderaggregat bewährte sich ausgezeichnet; Hanomag-Motorpflüge wurden in alle Welt verkauft. Etliche fanden auf südamerikanischen Haziendas Verwendung, auf Farmen in Sumatra oder in Ostafrika.

Die Herstellung von schweren Straßenfahrzeugen nahm die Firma Hanomag erst 1925 wieder auf, und zwar mit einem Radschlepper, dessen Vierzylinder-Petroleummotor 25 PS leistete. Zwei Jahre zuvor hatte Hanomag einen kleinen Zweisitzer präsentiert, der unter dem Spitznamen »Kommißbrot« Furore machte. Dieses winzige Auto war so schmal, daß es mit einem einzelnen Mittelscheinwerfer im Bug auskam und auch kein Differential benötigte. Es hatte einen 10 PS starken Einzylindermotor im Heck, gut für etwa 60 km/h. Und von diesem 2/10 PS Hanomag gab es sogar eine Lieferwagen-Version mit Frontlenkeraufbau, ausgelegt für 750 kg Zuladung. Ein recht ungewöhnliches Fahrzeug.

Die Herstellung von Straßenzugmaschinen, entwickelt aus den bewährten Ackerschleppern, wurde für Hanomag zu einem wichtigen Geschäftszweig, der viele Jahrzehnte Bestand haben sollte. Zu den Konstrukteuren, die für Hanomag tätig waren, zählte auch Joseph Vollmer, der sich im Nutzfahrzeugbereich große Verdienste erwarb. Unter anderem arbeitete er für Bergmann in Gaggenau, für Körting, Güldner und Deutz. Vollmer war auch der Konstrukteur des ersten Panzerwagens deutscher Herstellung.

Im Verlauf des Jahres 1928 wurde der kleine 2/10 PS Zweisitzer durch ein etwas größeres Modell ersetzt, und den Hanomag-Schlepper konnte man jetzt auch mit einem Dieselmotor erhalten.

Mit einer abermals recht unorthodoxen Konstruktion überraschten die Hannoveraner die Nutzfahrzeugbranche im Jahre 1933. Es handelte sich um einen Lastwagen in Frontlenker-Bauweise, dessen Motor in der Fahrzeugmitte saß. Der Vierzylinder-Diesel von 5.2 Liter Hubraum produzierte 60 PS. Diesen Unterflurmotor-Lkw gab es für 3 und für 4 Tonnen Nutzlast. Der gleiche Motor trieb auch einen Straßenschlepper an, ausgelegt für 15 Tonnen Zuglast. Zwei Jahre später stellte Hanomag sogar einen Schlepper für 20 Tonnen vor, bewegt von einem 100 PS starken 8,5-Liter-Diesel.

Die Firma Hanomag, seit 1934 zu den im Jahre 1926 in Düsseldorf gegründeten Vereinigten Stahlwerken gehörend, baute in den dreißiger Jahren Lastwagen und Zugmaschinen in beträcht-

Aus dem 1950 vorgestellten Hanomag L28 entstand eine Typenfamilie, die bis 1960 existierte und auf dem Markt für leichte Lastwagen viele Abnehmer fand.

Hanomag Garant Diesel, Baujahr 1966, jetzt mit dem Rheinstahl-Emblem, das ab 1960 alle Konzernprodukte zierte. Hanomag gehörte der Rheinstahl-Gruppe seit 1952 an.

Hanomag Markant 1963, angetrieben von einem Vierzylinder-Diesel mit oder ohne Aufladung in Hubraumgrößen von 3 und 3,4 Liter.

Hanomag L28 1,5 t als Lieferwagen einer Schokoladenfabrik; eine Aufnahme von 1952.

Hanomag F 35 Hochlader-Pritschenwagen von 1970, ein Fahrzeug, das weite Verbreitung gefunden hat.

Vorn ein Hanomag F 45, hinten ein F 161; eine Aufnahme von 1969. Die Zusatzbezeichung Henschel war 1964 nach der Fusion der Firmen Henschel und Rheinstahl entstanden.

licher Stückzahl, doch hatten diese keine Diesel-, sondern Vergasermotoren, obwohl Hanomag noch vor Mercedes-Benz einen Diesel-Pkw auf den Markt gebracht hatte. Mit Dieselmotoren ausgestattete, in größeren Serien gebaute Lkw führte Hanomag erst nach dem Kriege ein.

1945 nahm Hanomag zuächst die Acker- und Straßenschlepper-Produktion auf, ehe ab 1950 auch wieder Lastwagen ins Programm genommen wurden. Zunächst waren dies 1,5-Tonner nach einer Konstruktion des Ingenieurs Carl Pollich, der bereits Mitte der zwanziger Jahre für den ersten Lastwagen aus Hannover verantwortlich gezeichnet hatte. Das kleine Dieselaggregat hatte 45 PS, gut für 75 km/h.

Dieser Hanomag erfuhr im Laufe der Jahre eine Anzahl von Verbesserungen. Die Motorleistung erhöhte man auf 50 PS, das Getriebe wurde synchronisiert und mit Lenkradschaltung versehen. Jeder zweite Lkw ging in den Export.

Mit einem Zweitonner wurde 1952 das Programm erweitert, und ein Jahr später kam ein 2,5-Tonner hinzu. Der auf 3 Liter vergrößerte Vierzylinder-Diesel war mit einem Ladegebläse versehen, das ihn auf eine Leistung von 70 PS brachte. Im Frühjahr 1955 schließlich präsentierte Hanomag einen Allrad-Lkw, den Typ A-L 28 mit Vorgelege-Getriebe, das bei Zuschaltung des Vorderradantriebs die Zahl der Gänge auf acht erhöhte. Wahlweise erhielt man die hydraulische Bremsanlage mit Druckluft-Servo. Eine große Zahl dieser hochbeinigen Fahrzeuge mit der noch immer zweifenstrigen Frontscheibe bestellten das Technische Hilfswerk und der Bundesgrenzschutz. Zur gleichen Zeit nahm eine Vertriebsgemeinschaft Hanomag-Tempo ihren Anfang; die Programme beider Nutzfahrzeug-Hersteller ergänzten einander gut. Kurz darauf erschien ein Hanomag 3-Tonner mit dem gleichen Vierzylinder-Dieselmotor wie bei den kleineren Modellen.

Im Laufe der frühen fünfziger Jahre unterzog man Hanomag-Lastwagen nur geringen äußerlichen Veränderungen. So gab es erst 1957 ein neues Fahrerhaus mit etwas großzügigerer Verglasung; die entfernt dem Opel Blitz ähnelnde Kühlerfront änderte man nicht vor 1963.

Unter der Modellbezeichnung Kurier stellte Hanomag 1958 einen neuen Zweitonner vor – dies war ein Frontlenker mit über der Vorderachse angeordnetem Vierzylinder-Diesel. Der bewährte 2-Liter-Motor war auf 50 PS gedrosselt; erst 1959 gab es auch eine 3,4-Liter-Version mit 65 PS. Diese Maschine fand man auch im Hanomag Garant, der 1959 eingeführt wurde. Beide Modelle wiesen zahlreiche technische Merkmale aus dem Personenwagenbau auf, wie Schraubenfederung (vorn) und hydraulische Stoßdämpfer, Vollsynchrongetriebe mit Lenkradschaltung und Fahrerhäuser, die viel Komfort boten – sogar verstellbare Einzelsitze.

Mit Erscheinen der Frontlenker nahm Hanomag die Haubenfahrzeuge aus der Fertigung. Nur der Dreitonner war noch ein Haubenfahrzeug herkömmlicher Bauart, das bis 1960 im Programm blieb und dann durch den Typ Markant abgelöst wurde.

Im April 1952 war Hanomag im Zuge der Konzernentflechtung von den Vereinigten Stahlwerken zur Rheinstahl AG gekommen, der vom gleichen Zeitpunkt an auch Henschel gehörte und die 1965 – via Hanomag – von der Firma Vidal & Sohn auch das Tempo-Werk in Hamburg-Harburg kaufte. Das Tempo-Programm war nur bis 1964 weitergeführt worden.

Unter der neuen Firmenbezeichnung Rheinstahl-Hanomag AG erlebte das vielgliedrige Unternehmen eine starke Expansion, in deren Folge das Werk Hannover bis über die Grenzen seiner Kapazitäten ausgelastet wurde. So kam es 1961 zur Übernahme des ehemaligen Borgward-Lkw-Werkes in Bremen-Sebaldsbrück, wo ab 1962 Hanomag-Lastwagen sowie Radschaufellader hergestellt wurden.

Die Modellreihe der leichten Transporter, die Mitte der sechziger Jahre ebenfalls unter der Doppelmarke Hanomag-Henschel verkauft wurde, basierte auf den von Tempo übernommenen Konstruktionen, so der Matador in diversen Ausführungen. Wahlweise gab es diesen Wagen mit einem Vierzylinder-Ottomotor von Austin (1,7 Liter, 54 PS) oder mit einem Hanomag-Diesel Typ 301 (1,8 Liter, 50 PS). Die Tempo-Bestseller Wiking und Rapid liefen 1963 aus; ihnen war es nicht vergönnt, eine Metamorphose als Hanomag-Henschel zu erleben.

1968 erwarb die Daimler-Benz AG an den Rheinstahl-Tochterfirmen eine Beteiligung in Höhe von 51 Prozent, die sie innerhalb kurzer Zeit aufstockte; 1971 schließlich gehörten die Hanomag-Henschel-Fahrzeugwerke (HHF) den Stuttgartern ganz. Die Liaison hatte bereits 1969 zur Markenzusammenlegung geführt: Ab September jenes Jahres trugen die Schnell-Lastwagen von Hanomag den Namen Hanomag-Henschel. Es kam zu einem intensiven Technologie-Transfer, und im Zuge einer neuen Programmstrukturierung fanden auch Mercedes-Benz-Motoren Eingang in einige Hanomag-Henschel-Lastwagen.

An den Typenbezeichnungen wie F45, F46 oder F55, F65 änderte sich nichts; die Fahrzeuge trugen jetzt lediglich den neuen Doppelnamen. Es handelte sich um Frontlenker-Großtransporter von 2 bis 5,3 t Nutzlast. Die 1970 bis 1974 hergestellten Kastenwagen F40, F46 und F55 waren allerdings nur der Bezeichnung nach Hanomag-Henschel-Fahrzeuge; ihre Konstruktion entsprach der in Düsseldorf gebauten Mercedes-Benz-Transporter. Besondere Bedeutung erlangten die Hanomag-Henschel-Typen aus der Kasseler Erbmasse wie der F131, F150 oder F170 mit 180 PS starken Sechszylindermotoren, ebenfalls als Frontlenker gebaut, während die Hanomag-Henschel F130 L und F150 L Dieselmotoren von Mercedes-Benz aufwiesen. Unter den ganz großen Fahrzeugen wären die Typen F161, F163, F191 und F193 mit Motoren von 12 bis 16 Liter Hubraum und Leistungen bis 320 PS zu nennen. Entsprechend schwere Sattelzugmaschinen und Kipper ergänzten das Programm. Einige hatten V8- bzw. V10-Motoren von Mercedes-Benz.

Der Doppelname Hanomag-Henschel existierte nur knapp fünf Jahre – ab Ende 1974 gab es ihn nicht mehr.

Baumaschinen und Planierraupen trugen jedoch weiterhin den Namen Hanomag, den Massey-Ferguson 1974 mit Übernahme des Stammwerkes in Hannover erworben hatte. Mit diesem Geschäftszweig ging die traditionsreiche Marke Hanomag – die noch zweimal weiterverkauft wurde – ihre eigenen Wege. Die heutige Hanomag AG im Besitz des japanischen Maschinenbau-Konzerns Komatsu hat mit dem ursprünglichen Unternehmen daher nichts mehr zu tun. Und vom Borgward- und Hanomag-Erbe blieb im Betrieb Bremen-Sebaldsbrück auch nichts zurück; dieses Werk baute die Daimler-Benz AG zum Produktionszentrum ihrer Transporterfertigung aus.

Prachtvoll restaurierter Henschel HS 100 von 1954 eines holländischen Lkw-Sammlers.

HENSCHEL

Starkes Stück aus Kassel

Henschel mit Eva-Wood-Scherenkipper von 1928. Die Schütte wurde nicht hydraulisch, sondern mechanisch per Motorkraft und Wellenabtrieb gehoben und gesenkt. Vollgummireifen waren damals noch an der Tagesordnung.

Der erste von Henschel gebaute Lastwagen erschien im Jahre 1925; ihm lag eine Baulizenz der schweizerischen Firma FBW (Franz Brozincevic & Co., Wetzikon/Zürich) zugrunde. Der Benzinmotor dieses Fahrzeugs wies vier Zylinder auf, war 50 PS stark und trieb die Hinterräder per Kette an. Diese Bauart war 1925 eigentlich bereits etwas antiquiert, und so beeilte man sich bei Henschel, ein knappes Jahr später den gleichen 5-Tonner mit Kardanantrieb zu präsentieren, der sich dann auch sehr viel besser verkaufen ließ.

Das Haus Henschel konnte zu jener Zeit bereits auf sein 140jähriges Bestehen zurückblicken. Ein Georg Carl Christian Henschel hatte im Jahre 1785 in Kassel eine Glocken- und Kanonengießerei erworben, ein Unternehmen, das 1810 seinen Namen bekam und kurze Zeit später die Herstellung von Watt'schen Dampfmaschinen aufnahn. Die rasche Entwicklung des Eisenbahnwesens in Europa prägte für viele Jahrzehnte den weiteren Geschäftsverlauf, denn den Dampfmaschinen folgten Lokomotiven, deren Bau man auch beibehielt, als 1924 eine Ausweitung der Produktion auf Straßenfahrzeuge beschlossen wurde.

Die treibende Kraft hinter den Bestrebungen, das Programm auszuweiten, war Oskar Henschel, seit 1925 Chef des Hauses in

1934 gebauter Henschel Fünftonner mit Holzgas-Generator. Auch damals war man bereits auf der Suche nach alternativen Antriebskonzepten.

Schwerer Henschel Lastwagen von 1939/40, der seinerzeit im Dienst der Wehrmacht stand.

Henschel HS 100 Pritschenwagen, wie er 1959 gebaut wurde. Der Dieselmotor System Lanova hatte 6,2 Liter Hubraum und 132 PS.

Leichter Diesel-Lastwagen der Baureihe 30 T1-2, von Henschel in den späten dreißiger Jahren hergestellt.

Blick in die Fertigungshalle bei Henschel in Kassel; aufgenommen etwa 1955.

fünfter Generation und eigentlich ein Eisenbahnmann aus Tradition. Er hatte die Bedeutung des Güterfernverkehrs auf der Straße längst erkannt und focht einen harten Kampf gegen das Beharrungbestreben einiger führender Männer im Werk, die sich nicht vorzustellen vermochten, daß die Firma Henschel je etwas anderes als Lokomotiven bauen würde. Oskar Henschel war nicht weniger vom Dampfantrieb fasziniert, brachte ihn auch auf die Straße: Er fuhr privat ein Dampf-Automobil, das er selbst konstruiert und mit einer Cabriolet-Karosserie der Berliner Firma Gaubschat versehen hatte.

Lastwagen mit Vergasermotor waren ein Anfang; der Einstieg ins Diesel-Geschäft vollzog sich bei Henschel ab Ende 1928. Man hatte sich für die Luftspeicher-Konstruktion der Firma Lanova entschieden, die ihren Sitz in der Schweiz und eine Filiale in München hatte; ihre Leitung oblag dem Erfinder Fritz Lang. Bei seinem Motor wurde der Kraftstoff mit 80 atü in einen Luftspeicher eingespritzt, die Endverdichtung betrug 35 atü. Henschel war einer der konsquentesten Anwender der Lanova-Technologie, die sich durch hohe Kraftstoff-Effizienz und Laufruhe auszeichnete.

Im Dezember 1928 wurde die Henschel & Sohn GmbH eine Aktiengesellschaft. Doch die Aktien wurden nicht an der Börse gehandelt; sie blieben zu hundert Prozent im Besitz einer Henschel-Verwaltungs-GmbH. Dr. Robert Henschel, ein Bruder des bisherigen Firmenchefs, erhielt wie dieser einen Sitz im Aufsichtsrat.

1930 sorgte ein großer Dreiachser mit 12-Zylinder-Motor für Aufsehen. Dieser war aber ein Vergaser-, kein Dieselaggregat. Es leistete 150 PS – ein ungewöhnlich hoher Wert in jener Zeit. Noch bot Henschel Benzinmotoren parallel zu Dieselmotoren an; der stärkste Henschel-Diesel war damals ein Sechszylinder von 100 PS. 1936 gab es sogar einen Henschel mit 12-Zylinder-Boxermotor und 300 PS: Die Kasseler sorgten mit solchen Triebwerken immer wieder für Schlagzeilen. Chefkonstrukteur war in jener Zeit Paul Filehr, 1927 zu Henschel gekommen; seine Nachfolge trat im Herbst 1936 Dr.-Ing. Erwin Aders an. Aders hatte schon 1902 einen motorisierten Straßenzug gebaut, arbeitete später für Vomag in Plauen und für Benz in Gaggenau, ehe er zu Henschel kam. In seiner Regie entstanden nicht nur neue Lastwagen, sondern auch die Tiger-Panzer für die deutsche Wehrmacht. Erst 1960 trat Aders als 79jähriger in den Ruhestand.

Henschel HS 11 als Kipper von 1962.

Ungewöhnlich war das Experiment mit einem Dampfmotor, den die Firma Henschel 1933 vorstellte. Bis 1936 entstanden insgesamt 18 Lastwagen und Omnibusse in dieser Bauart, die meisten im Auftrage der Deutschen Reichsbahn. Vielleicht war es das Erbe aus dem Lokomotivenbau der Firma Henschel, das hier noch einmal sichtbar wurde. Hinter dem Projekt stand Oskar Henschel, ein steter Verfechter der Idee, Schienen- und Straßen-Antriebskonzepte optimal zu kombinieren. Filehr hatte die Idee des Firmenseniors mit Begeisterung aufgenommen. Ihre Realisierung wiederum war eine Herausforderung für die Dampf-Experten von der Lokomotiven-Abteilung des Hauses Henschel.

Dieselgetriebene Kommunalfahrzeuge, Fernverkehrs-Lastwagen bis zu 16 t Gesamtgewicht, Oberleitungs-Omnibusse und Militärlastwagen in 4x6- und 6x6-Bauweise umfaßte das Programm in der zweiten Hälfte der dreißiger Jahre. Die Auftragslage war ausgezeichnet, dem Ruf des Hauses entsprechend.

Da die Henschel-Werke während des Krieges den Tiger-Panzer und andere Wehrmachtsfahrzeuge bauten, waren sie heftigen Luftangriffen ausgesetzt – wie alle großen Rüstungsbetriebe, die lahmzulegen ein wichtiges Ziel der alliierten Streitkräfte darstellte. Doch schon bald nach Kriegsende begann man in Kassel mit den Aufräumungsarbeiten des zerstörten Werkes und nahm die Arbeit wieder auf. Sie beschränkte sich bis 1949 jedoch auf Reparaturen amerikanischer Armee-Lastwagen. In kleinem Umfang bau-

Ein schmucker Henschel HS 14 (HS 140) aus den sechziger Jahren.

Henschel HS 140 1951. Es gab diese 7-Tonnen-Baureihe in zahlreichen Varianten und Modifikationen (HS 11/12, 100, 122) bis 1970.

te man auch wieder Oberleitungsomnibusse sowie Dieselmotoren zum nachträglichen Einbau in ehemalige Militärfahrzeuge.

Der erste Nachkriegs-Lastwagen, den Henschel wieder in Serie herstellte, war ein 6-Tonner, dessen Bau im Juni 1950 startete. Es handelte sich um einen Haubenlastwagen vom Typ HS 6 mit 8,5-Liter-Sechszylindermotor. Es gab auch eine stärkere Version, genannt HS 140, sowie - ab 1953 - eine Ausführung als Frontlenker. Diese Baureihe war eine der letzten Werke Oskar Henschels.

Frontlenker und Haubenwagen der Typen 150, 145 T, 140 S, 170 und 165 T ergänzten in den fünfziger Jahren nach und nach das Programm. Ihre Luftspeicher-Dieselmotoren, noch immer nach dem Lanova-System gebaut, hatten 145 bis 195 PS. Es gab die Fahrzeuge als Pritschenwagen, Sattelzugmaschinen sowie mit speziellen, nach Kundenwunsch angefertigten Aufbauten. Von 1954 is 1957 hielt sich die Jahresproduktion indes in Grenzen; sie betrug jeweils 2000 bis maximal 4000 Lastwagen.

Mit einer Produktion in solchen Größenordnungen vermochte Henschel nicht zu überleben, zumal auch die Omnibusfertigung im Jahr selten mehr als 100 Einheiten überschritt und rückläufige Tendenz zeigte. Es war unausbleiblich, daß die Firma Henschel & Sohn 1957 den gerichtlichen Vergleich beantragte. Oskar Henschel legte die Geschäftsleitung nieder und zog sich auf seinen Alterssitz in der Schweiz zurück.

Im Zuge der Sanierungsmaßnahmen, die dem Vergleich folgten, erlebte Henschel jedoch eine neue Blüte. Die Weichen hierzu stellte der Wirtschaftsprüfer Dr. Johannes Semler, der durch seine Maßnahmen auch BMW aus den roten Zahlen holte (und einige Jahre später erneut alarmiert wurde, um die Borgward-Pleite abzuwenden, was ihm indes nicht gelang). Die neugegründete Henschel-Werke GmbH unter der Leitung von Fritz Aurel Görgen vermochte ihre Produktion wieder auf weit über 4000 Fahrzeuge pro Jahr zu steigern, die sogar einen Gewinn abwarfen. Görgen holte sich mit Ralf Breuning einen neuen Chefkonstrukteur ins Haus, der aber nur drei Jahre blieb, um dann zu Magirus-Deutz zu gehen. 1968 war er bei Maybach einer der MTU-Gründer.

1962 firmierte Henschel erneut um und wurde eine Aktiengesellschaft. Mit Erfolg hatte man auch ein neues Lastwagen-Programm eingeführt, zunächst aus den Modellen HS 14 und HS 16 bestehend. Die attraktiven Lastwagen sollten um eine Reihe kleinerer Modelle ergänzt werden, die Henschel von der französischen Firma Saviem bezog und in Deutschland anbot – eine Kooperation, die aber weniger gut funktionierte als gedacht. Ersatzweise wollte man dann mit der Nutzfahrzeug-Sektion des britischen Rootes-Konzerns (Commer Commercial Vehicles) ein Vertriebsabkommen schließen, woraus aber ebenfalls nichts wurde.

1964 kam es im Vorstand der Henschel-Werke zu einer Krise, die durch alle Medien ging und viel Staub aufwirbelte, sehr zu Unrecht für die Betroffenen. Beschuldigungen, die vor allem gegen Görgen erhoben wurden, erwiesen sich als nicht haltbar, wie sich später erwies. Doch die Phase einer vorübergehenden Führungsschwäche im Unternehmen reichte aus, um tiefgreifende Veränderungen stattfinden zu lassen: Henschel wurde von der Rheinstahl AG übernommen. Ab September 1965 lautete die Firmenbezeichnung Rheinstahl-Henschel AG.

In den sechziger Jahren baute die französische, 1957 gegründete Firma Saviem in Blainville Lastwagen nach MAN- und Henschel-Lizenzen. Auch dieser Möbelwagen ist ein Saviem-Henschel und seit 1963 in Erstbesitz.

Henschel HS 145 TS von 1956, ein für damalige Verhältnisse sehr fortschrittlicher Fernlastzug.

Diese Umfirmierung trug dazu bei, daß aus der Partnerschaft mit Rootes nichts wurde, denn zur Rheinstahl-Gruppe gehörte inzwischen auch Hanomag. Und Hanomag war eine Vertriebs-Ehe mit den Hamburger Tempo-Werken eingegangen, so daß es keinen Sinn machte, sich englische Konkurrenz ins eigene Haus zu holen. Wohl aber gab es Verhandlungen mit Magirus-Deutz, geführt vom Rheinstahl-Chef Toni Schmücker (später Vorstandsvorsitzender von VW), die aber zu keinem Ergebnis führten. Schließlich brachte Schmücker den Rheinstahl-Nutzfahrzeugbau zu Daimler-Benz. 1970 waren die Stuttgarter im Besitz der Hanomag-Henschel Fahrzeugwerke GmbH (HHF), und sie ließen die Doppelmarke Hanomag-Henschel noch weitere vier Jahre existieren. Dann traten die traditionsreichen Namen der Nutzfahrzeugbranche von der Bühne ab.

Am »modernsten Autohebekran Deutschlands« (1960) hängt ein Henschel Lastwagen vom Typ HS 100. Der Herkules-Kran konnte 15 Tonnen bis zu 26 Meter heben; sein Fahrgestell stammte ebenfalls von Henschel.

Henschel HS Pritsche mit Hänger – ein etwas nüchtern wirkender Frontlenker aus den späten fünfziger Jahren.

Die Nutzfahrzeuge der Marke Henschel mit dem signifikanten Stern auf dem Kühler gab es bis 1968 sowohl als Haubenfahrzeuge als auch in Gestalt von Frontlenkern, ausgelegt für Nutzlasten von 5 bis 24 Tonnen. Kantige, nüchtern gestylte Fahrerhäuser lösten Mitte der sechziger Jahre die eher rundlichen Aufbauten ab; Sattelzugmaschinen wie der 180 bis 192 PS starke HS 122 TS von 1965-67 mit zwei angetriebenen Hinterachsen strahlten kühle Sachlichkeit aus. Mulden- und Dreiseitenkipper von 10 bis 14 Tonnen, Müllwagen, Betonmischer und Militärlastwagen ergänzten in den späten sechziger Jahren das Programm.

In der Hanomag-Henschel-Ära 1969 bis 1974 erhielten etliche der schweren Modelle Dieselmotoren von Mercedes-Benz (16 Liter Hubraum, 10 Zylinder in V-Form). Der 12-Liter-Direkteinspritzer, Konstruktion Henschel, blieb aber noch weiterhin im Programm. Die letzten Fahrzeuge dieser Baureihe waren die Typen F 221 K und F 261 K, die als Frontlenker-Kipper mit 230-PS-Motoren ausgeliefert wurden, aber schon unter der Marke Mercedes-Benz ebenfalls erhältlich waren.

Auf den alten, traditionsreichen Nutzfahrzeugnamen Henschel zu verzichten, war eine Entscheidung, die nicht überall auf Verständnis stieß. Aber schließlich hatte man ja auch auf den Namen Hanomag verzichtet, und gleichermaßen gab es Horch oder Büssing nicht mehr. Ihren Platz nahmen nüchterne Kurzbezeichnungen ein, die keinen Raum für Nostalgie ließen. Dennoch: Der Name Henschel stand noch immer für Schienenfahrzeuge. Denn nur die Lkw-Sparte war via Rheinstahl zu Daimler-Benz gekommen. Ein Teil des Kasseler Werksgeländes war also für jene Produktion verblieben, für die Henschel seit 1848 einen berühmten Namen besaß, den Lokomotivenbau. Triebwagen, Dieselloks, Stationäraggregate, Spezialmaschinen für Großflughäfen sowie »Produkte der Wehrtechnik«, wie man Schützenpanzer á la Marder und Luchs in den siebziger Jahren zu bezeichnen pflegte, wurden unter Rheinstahl-Regie weiterhin fabriziert. Rheinstahl, 1974 von der August Thyssen Hütte übernommen und zur Thyssen Industrie AG umgeformt, wurde zu einem wichtigen Lieferanten für die Bundeswehr. Die neue Markenbezeichnung für die Kasseler Ketten- und Radfahrzeuge: Thyssen Henschel.

Kaelble KDV 22 Z, eine überschwere Zugmaschine mit 300 PS aus den frühen sechziger Jahren.

KAELBLE

Württembergische Kraftbrocken

Kaelble Modell GR 1933. Zugmaschine und Tiefladehänger rollen auf Vollgummireifen. Die teleskopartig ausziehbaren Peilstangen auf der vorderen Stoßstangen lassen erkennen, wie breit die Anhängelast auf dem Güterbahnhof ist.

Schon im Jahre 1906 stand der Name Kaelble für ganz spezielle Motorfahrzeuge. Die in Backnang, Württemberg, beheimatete Firma dieses Namens stellte Maschinen für den Straßenbau her, für Arbeiten im Steinbruch und im Tiefbau, dazu Bagger und Traktoren.

Der Bedarf an robusten, mobilen Gerätschaften verzeichnete damals großes Wachstum. Gottfried Kaelble (1848-1911) gehörte jener Generation von Unternehmern an, die im ausgehenden 19. Jahrhundert die Chance erkannt hatten, ihr technisches Wissen und Können in dieser Branche gewinnbringend anzuwenden.

Seit 1884 hatte es in Backnang die Gottfried Kaelble Motoren- und Maschinenfabrik GmbH gegeben, eine nicht sehr große, aber recht ertragreiche Firma, die stationäre Dampfmotoren baute. Es war Gottfrieds Kaelbles ältester Sohn Carl (1877-1957), der 1908 als begeisterter Ingenieur die Führung des Unternehmens übernahm und sich in besonderem Maße der Produktion von Straßenfahrzeugen mit

Vor dem Kühler dieser Kaelble Zugmaschine von 1940 sitzt der Wärmetauscher einer Imbert-Holzgasanlage.

Kaelble Zugmaschine K 632 ZB/15 4x2 von 1971, hier in einer Bundesbahn-Ausführung.

Dreiachsige Kaelble Zugmaschine Z6 GN 125 aus dem Jahre 1936 mit später hinzugefügter hinterer Liftachse. Der 13,3-Liter-Motor leistet 135 PS.

Seitenansicht des 1940er Kaelble mit Holzgas-Anlage. Die Leistung einer mit diesem »Ofen« bestückten Zugmaschine war spürbar geringer als mit Dieselbetrieb.

Kaelble Zugmaschine K 630 ZR von 1949 beim Transport eines schweren Kessels.

Benzinmotor zuwendete, während sein jüngerer Bruder Hermann (1881-1953) den kaufmännischen Bereich leitete.

Für Aufsehen sorgte ein 1907 präsentierter Frontlenker-Lastwagen, der den Motor in der Mitte des Fahrgestells hatte, aber ein Einzelstück blieb. Das Fahrzeug war eine Konstruktion von Carl Kaelble. Erst ab 1920 bot Kaelble ein neues Modell an, jetzt mit einem 5-Liter-Vorkammer-Dieselmotor versehen, für dessen Herstellung man eine Lizenz der Mannheimer Firma Benz erworben hatte. Der Vierzylinder leistete 30 PS bei 1000/min.

Doch die Geschäfte gingen jetzt nicht mehr sehr gut. Die zwanziger Jahre waren schwer, und sie bescherten der Nutzfahrzeugbranche starke Konkurrenzkämpfe. Für die meisten von ihnen brachten die Inflationszeit und mangelnder Anschluß an die Weltmärkte harte Rückschläge. So gab man bei Kaelble auch den Bau des Lastwagens mit dem Benz-Diesel wieder auf.

Erst nach der Weltwirtschaftskrise ging es bei Kaelble wieder bergauf, als man dort 1932 eine neue Dieselzugmaschine für den Fernverkehr auf den Markt brachte. Man bot sie in Leistungsgrößen zu 30, 45 und 60 PS an; in der Kabine hatten drei Personen Platz.

1933 folgte eine Flotte von schweren Dreiachsern für die Reichsbahn, gedacht für den Straßentransport von Güterwagen. Unter der Bezeichnung Z 6 R/1 blieb die 100 PS starke Sechszylinder-Zugmaschine für viele Jahre im Programm.

Straßenzugmaschinen mit 180 bis 200 PS folgten 1937. Bei ihnen war der Motor - wie anno 1907 - in der Mitte des Rahmens installiert. Dieser Dreiachser mit Allradantrieb wies als Novum vier gelenkte Räder an den beiden vorderen Achsen auf.

In den Kriegsjahren war Kaelble in der Hauptsache Lieferant der Wehrmacht; entsprechend langsam vollzog sich in den späteren vierziger Jahren ein Neustart. Die ersten großen Dieselmotoren, so ein Sechszylinder unter der Bezeichnung K 631, entstanden 1950 in Backnang im Auftrag von Schiffswerften. Dann folgte ein 19,1-Liter-V8-Diesel mit zwei Eberspächer-Turboladern und einer Leistung von 300 PS für einen 52-Tonnen-Kipper.

1951 unternahm Kaelble den dritten Anlauf, in das Lastwagengeschäft einzusteigen. Ein entsprechendes Fahrzeug war der K 625 L mit einer Nutzlast von 6 Tonnen, angetrieben von einem Sechszylinder-Diesel von 130 PS. Dieser nied-

Kaelble K 415 Zugmaschine 1955-61. Die maximale Anhängelast wurde vom Werk mit 24 Tonnen angegeben.

Überschwere Zugmaschine nannte sich dieses Kaelble-Modell KDV 22 Z8T, in der Tat ein imposantes Kaliber in 6x6-Spezifikation mit 300 PS starkem Motor. Das Fahrzeug war imstande, bis zu 100 Tonnen auf den Haken zu nehmen.

Auch diese hervorragend restaurierte Zugmaschine von Kaelble ist ein Modell K 415.

Kaelble KDV 12 6x6 von 1963. Die dreiachsige Zugmaschine hatte einen 150 PS starken Sechszylinder unter der langen Haube. Es handelt sich um eine ehemalige Bundespost-Maschine.

Kaelble Zugmaschine K 612 Z mit 120 PS, gebaut von 1952 bis 1955. Es gab dieses 4x2-Modell auch mit 145-PS-Motor.

rigtourige 13,3-Liter-Motor verfügte über ein gewaltiges Drehmoment und wurde für seine Wirtschaftlichkeit und Langlebigkeit bekannt. Ein Jahr später kam der K 630 L mit 150 PS auf den Markt. Der daraus entwickelte K 631 L war als Zwei- und als Dreiachser (genannt KD 631 L) erhältlich.

Als nächstes Lastwagenmodell brachte Kaelble den L 832 L heraus, ein schwerer Brocken mit 200 PS starkem V8-Motor und einer Nutzlast von 9 Tonnen.

1951 baute Kaelble auch die bisher größte Zugmaschine für die Bahn, einen Dreiachser als 6x6 mit der Bezeichnung Z 6 R 3A 180. Mittschiffs saß ein 220 PS starker Reihensechszylinder; die Fahrerkabine befand sich über der Vorderachse. Mit Ballast brachte diese imposante Zugmaschine 21 Tonnen auf die Waage.

Wie schon ganz zu Anfang, wendete sich Kaelble 1950 wieder dem Bau von Lastwagen in Frontlenkerbauweise zu. Der erste Lkw in dieser Ausführung war der K 630 LF mit dem bereits erwähnten 150-PS-Sechszylinder. Die Haubenfahrzeuge blieben indessen weiterhin im Programm. Besonders erfolgreich war die ab 1953 gebaute neue Sechszylinder-Reihe (180 PS) K 680 L, der bis 1959 angeboten wurde und in diversen Aufbauformen, so auch als Sattelschlepper, zu bekommen war.

Kipper mittlerer Größe für den Baustellenbetrieb bot Kaelble anfangs der fünfziger Jahre ebenfalls an. Zu ihnen gehörte ein dreiachsiger 18-Tonner mit 200-PS-Motor, entstanden in Zusammenarbeit mit den Firmen F.X. Meiller und Toussaint & Hess. Eine Nutzlast von 8 Tonnen hatte der kleinste, von 32 Tonnen der größte

Kaelble K 612 Z von 1952.

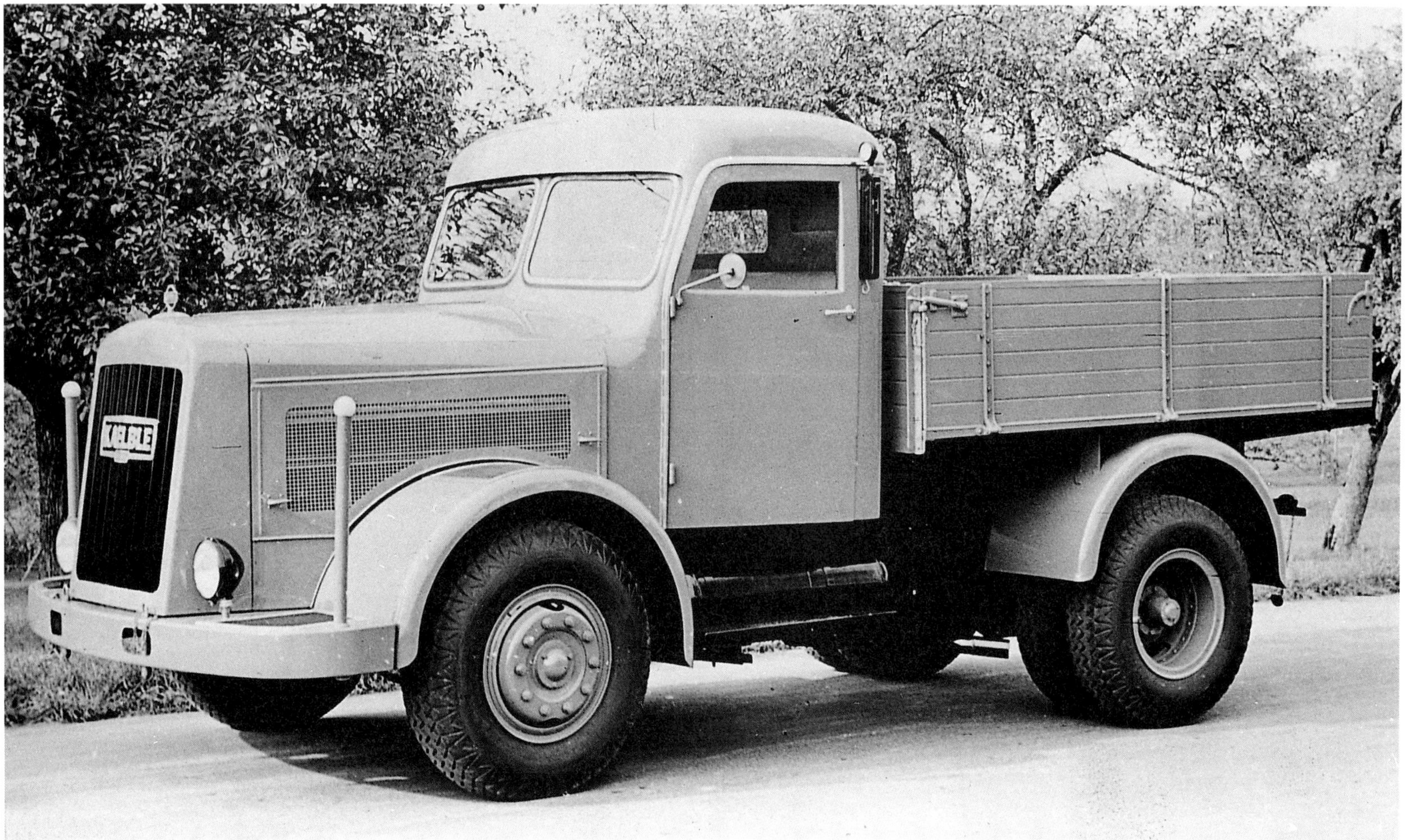

Kipper dieser Baureihe. Jahr für Jahr kamen neue Modelle hinzu. Alle diese Baustellenfahrzeuge hatten Allradantrieb. Auch Straßenwalzen waren Anfang der fünfziger Jahre wieder im Programm.

Von 1954 an entstanden in Backnang vermehrt Zugmaschinen für den Aufliegerbetrieb im Fernverkehr, doch der klassische Lkw stagnierte. Durch eine neue Straßenverkehrs-Zulassungsordnung für Lastkraftwagen waren Maximalgewicht und -länge eines Last-

Auch bei diesem Kaelble Dreiachser von 1962 handelt es sich längst um eine Rarität. Es ist ein KDV Z6 6x6 mit einem 150 PS starken Sechszylindermotor.

Eine seltene Frontlenker-Zugmaschine von Kaelble, Modell 631 LF, Baujahr 1954.

zuges neu definiert worden; konstrutive Anpassungen hätten sehr hohe Investitionen erfordert, die Kaelble nicht aufzubringen vermochte. Man wendete sich daher wieder stärker der Produktion schwerer Baustellenfahrzeuge zu, stellte gleichwohl noch einmal eine leichte Lkw-Reihe vor, die Anfang 1954 unter der Bezeichnung K 612 auf den Markt kam. Antriebsaggregat dieser Fahrzeuge war ein 120 PS starker Sechszylinder; die Nutzlast betrug 6,5 Tonnen. 1957 kam schließlich als letzte neue Kreation der K 650 heraus, ein allradgetriebener Frontlenker mit 135-PS-Motor, der aber nur in geringer Stückzahl Abnehmer fand.

1957 starb Carl Kaelble; sein Nachfolger wurde Artur Weimann-Kaelble. Als dieser unerwartet im August 1978 ebenfalls verstarb, wurde Rudolf Zornow Firmenchef. Unter Weimann hatte die Firma eine breite Diversifikation erfahren; harter Konkurrenzdruck von allen Fronten hatte eine solche Entwicklung ratsam erscheinen lassen.

Noch immer aber war die Bundesbahn ein treuer Kaelble-Kunde: Für sie entstanden 1968 zwanzig neue Zugmaschinen mit 280-PS-Motor und einem Getriebe, das zwölf Vorwärts- und vier Rückwärtsgänge aufwies. Mit Stolz konnte die Firma Kaelble darauf verweisen, daß sie mit dieser Lieferung seit 1933 600 Fahrzeuge an die Bahn geliefert hatte.

Mit dem K 652 LF präsentierte Kaelble letztmalig einen Lastwagen für den Fernverkehr. Den 16-Tonner trieb ein 190 PS starker Sechszylinder an. Es kam jedoch nur zum Bau einiger weniger Exemplare als Sattelzugmaschinen und Kipper, letzteren in Haubenversion. Mit insgesamt 46 Einheiten hatte sich die Entwicklung dieses Fahrzeugs nicht im geringsten gelohnt. 1964 stellte man die Produktion dieser Reihe ein.

Auch gab es keine Lastwagenproduktion für den Fernverkehr mehr, sondern nur noch Off-Road-Nutzfahrzeuge wie die berühmten Knicklader SL 12 und SL 18.

Als Ausgleich für das aufgegebene, verlustbringende Geschäft mit Fernlastern wendete sich Kaelble anderen Transportbereichen zu und erwarb Anteile an der Gmeinder & Co. Lokomotiven- und Maschinenfabrik in Mosbach nördlich von Heilbronn. Einige Zeit später übernahm Kaelble die berühmte Feuerwehrgerätefirma Carl Metz in Karlsruhe.

Mit der Diversifikation hatte sich die Ertragslage leider nicht verbessert, ganz im Gegenteil: Gmeinder und einige weitere Bereiche der Kaelble-Gruppe mußten Anfang der siebziger Jahre abgestoßen werden. 1976 aber war Kaelble in der Lage, diese Teile - nur Metz nicht - von der Schad Investment GmbH wieder zurückzukaufen.

Auf die Dauer konnte es sich Kaelble auch nicht erlauben, eine eigene Motorenproduktion durchzuziehen. Fortan bezog Kaelble luftgekühlte Diesel von Deutz und wassergekühlte Aggregate von Mercedes-Benz. Trotz großer Rückschläge vermochte Kaelble aber genug Kraft und Mittel aufzubringen, um ein völlig neues Programm zu entwickeln: Die 1978 präsentierten Zugmaschinen - elf Modelle! - hatten Leistungen von 140 bis 860 PS; die größten Kaliber waren zweimotorig. Die KVW 320 TZ zum Beispiel war ein 4x4 Zweiachser mit extrem kurzem Radstand, ausgelegt für eine Zuglast für 150 bis 250 Tonnen. Man sah solche gigantischen Transport- und Zugfahrzeuge in Stahlwerken und anderen Betrieben der Hüttenindustrie. Und auch der 1978 vorgestellte Kaelble KDVW 400 S war ein Superlativ ohne Beispiel - ein allradgetriebener Dreiachser für den Einsatz in der Wüste, motorisiert durch einen 400 PS starken Mercedes-Benz-Diesel OM 404 V12 mit hydraulischem Drehmomentwandler und acht Fahrstufen.

Kaelble gehörte nie zu den ganz Großen, nahm vielmehr stets eine Sonderstellung auf dem Gebiet der Nutzfahrzeugherstellung ein und schuf sich ein eigenes, ganz besonderes Profil. Mit einem breitgefächerten Programm an großen Radladern, Kranwagen, Großraum-Muldekippern und Sonderfahrzeugen aller Art war Kaelble-Gmeinder auch in den achtziger und neunziger Jahren einer der bedeutendsten Spezialanbieter auf dem europäischen Markt.

Der Kaelble KDV 22 Z wurde 1963/64 gebaut. Der Gigant hat einen 300 PS starken V8-Motor mit 19,1 Liter Hubraum und zwei Turboladern.

Krupp Mustang, wie er in den Jahre 1951 bis 1954 gebaut wurde. Er war der erste Lastwagen, dessen Vierzylinder-Zweitaktdieselmotor eine hydraulisch verstellbare Nockenwelle aufwies, womit der Motor zum Verdichter umfunktioniert werden und bei steiler Talfahrt als zusätzliche Bremse benutzt werden konnte.

KRUPP

Schwere Lastwagen statt Kanonen

Allrad-Zugmaschine, wie sie die Artillerie gegen Ende des Ersten Weltkrieges auch zum Schleppen von Geschützen verwendete. Diese Fahrzeuge wurden gemeinsam von Daimler und Krupp gebaut.

Daß der weltbekannte Name Krupp nicht nur für schwere Geschütze steht, sondern für eine große Reihe von Produkten mit friedlicher Nutzung, vor allem aber auch für Lastwagen – das wissen jenseits der Grenzen Deutschlands nicht viele. Das Wort »Kruppstahl« erfuhr durch die Rüstungsproduktion einen außerordentlich harten Klang. Dabei waren die zwischen 1919 und 1968 unter der Marke Krupp produzierten Lastwagen gute Devisenbringer, denn viele fanden ihren Weg in den Export. Doch seine größte Verbreitung hatte der Krupp-Lastwagen natürlich in seinem Herkunftsland.

Die Entwicklung des Krupp-Imperiums geht auf ein 1811 in Essen gegründetes Stahlwerk zurück. Mit dem Transportwesen hatte die Firma bereits im Jahre 1848 zu tun: Damals lieferte Krupp erstmals Achsen und Federn für Eisenbahnwaggons. Und Krupp war der erste Hersteller der Welt, der geschmiedete und nahtlos gewalzte Eisenbahnräder aus Gußeisen herzustellen vermochte. Drei Räder bilden seither auch das Markenzeichen der Firma Krupp, die für ihre Stahlerzeugnisse und auch Schiffe, gebaut auf der Kieler Germania-Werft, eine internationale Reputation genoß.

Zweifellos gehörte Krupp im Ersten Weltkrieg zu Europas großen Rüstungsbetrieben. Doch als 1918 der Krieg zu Ende war, stand das Unternehmen wie so viele andere der gleichen Branche (Skoda, Steyr, Ansaldo, Armstrong-Whitworth – um nur einige zu nennen) vor der Tatsache, den jahrelang einzigen Auftraggeber verloren zu haben: das Militär. Eine umgehende Produktionsumstellung war erforderlich, um den Betrieb fortführen und Tausende von Arbeitsplätzen sichern zu können. Krupp entschied sich für die Aufnahme der Lastwagenproduktion.

Noch vor Jahresende 1919 präsentierte Krupp einen ersten Fünftonner, dessen Chassis sich für diverse Aufbauten eignete. Krupp empfahl ihn für den Einsatz bei der Müllabfuhr, als Dreiseitenkipper für Schüttgut sowie als Basis für Feuerlöschfahrzeu-

Ein Name, ein Weltbegriff: Krupp aus Essen. Auch im Bau von Nutzfahrzeugen, den das Unternehmen seit dem Jahre 1905 betrieb.

ge; eine Version mit Nachläuferachse pries man für den Langholz- und Stahlträger-Transport an. Dieser kettengetriebene Lastwagen mit einem 75 PS starken Benzinmotor eigener Konstruktion entstand in einer Essener Werkshalle, die vordem für die Kanonenherstellung genutzt worden war.

In einem anderen zum Krupp-Konzern gehörenden Betrieb begann man mit der Herstellung dreirädriger Straßenkehrmaschinen System Heusen mit einem 25 PS leistenden Vierzylindermotor. Sogar die Produktion eines patentierten Motorrollers mit umklappbarer Lenkstange nahm Krupp 1920 auf.

Erreichte ein Lastwagen ein Tempo von 50 km/h oder gar mehr, sprach man von einem »Hochgeschwindigkeits-Fahrzeug«.

Eine Flotte von vier Krupp Lastwagen – ein Foto aus dem Jahre 1926. Die beiden schweren Fahrzeuge in der Mitte sind Fünftonner, vorn ein Dreitonner. Luftreifen hat nur das Fahrzeug ganz im Hintergrund.

Krupp 24/75 PS Sechszylinder Lastwagen mit Niederrahmen von 1928.

Krupp L5N62, ein Fünftonner von 1930.

Krupp Lastwagen aus der Vorkriegszeit sind heute außerordentlich selten, wie dieser 1938er LD 3,5 M 42 mit Junkers-Dieselmotor.

Ein solches war der 1924 von Krupp vorgestellte Anderthalb- bzw. Zweitonner mit Kardanantrieb, hydraulischen Bremsen und Luftreifen. Sein 50-PS-Motor in ohv-Bauweise vom Typ M-19 wies einen einteilig gegossenen Leichtmetallblock sowie ein Vierganggetriebe mit Mittelschaltung auf. Die gleiche Fahrzeugkonstruktion, nur mit niedrigerem Rahmen, diente als Chassis für Omnibusse.

Um 1925 mauserte sich der Krupp-Fünftonner vom Kettenwagen zum Kardanwagen. Zur gleichen Zeit wurde ein neuer Sechstonner mit Tiefrahmen und hydraulischen Vierradbremsen vorgestellt, dessen Sechszylindermotor als 75/90 PS rangierte, und einen Dreiachser gab es als Achttonner. Den neuen Sechszylinder konnte man auch im Chassis des Fünftonners bekommen.

Schnauze eines Krupp Südwerke L-60, genannt Mustang. Diese Fahrzeuge wurden in den Jahren 1951-54 hergestellt.

Ein neues Modell folgte nun dem anderen. 1927 kam ein Dreitonner mit einem 4,1-Liter-Motor von 40 PS heraus, zugleich gab es einen neuen Omnibus mit 22/70-PS-Sechszylindermotor und einem Aufbau von der Waggonfabrik Uerdingen. Kurz darauf erschienen diverse Kommunalfahrzeuge und ein mit Meiller-Aufbau versehener Kipper.

Einen bedeutenden Schritt in die richtige Richtung machte man bei Krupp im Jahre 1928 mit dem Erwerb einer Lizenz zur Herstellung von Dieselmotoren Bauart Junkers. Es handelte sich um einen Gegenkolben-Zweitakter, den es in verschiedenen Größen gab. Die kleineren, für Lastwagen konzipierten Einheiten wurden in Essen gefertigt, die größeren bei den Gruson-Werken in Magdeburg, die Krupp seit 1893 gehörten. Die in Essen gebauten Motoren waren Zwei-, Drei- und Vierzylinder bis 125 PS. Ihren ersten serienmäßig hergestellten Diesel-Lkw zeigte die Firma Krupp

Krupp Titan 1953/54, der in den achtziger Jahren sorgfältig restauriert wurde.

Krupp Tiger 1954-57.

1932. Der Motor war ein Doppelkolben-Zweitakter, der als Zweizylinder 45 PS und als Dreizylinder 65 PS abgab.

1929 übernahm die Fried. Krupp AG von der Stumm-Industriegruppe 85 Prozent der Deutschen Lastautomobil-Fabrik AG in Ratingen bei Düsseldorf. Die in Ratingen gebauten DAAG-Lastwagen und -Omnibusse besaßen einen guten Ruf, doch Krupp verzichtete auf die Fortsetzung ihrer Herstellung: Den Essenern war es um zusätzliche Fertigungskapazität gegangen; zugleich richteten sie hier für ihre Fahrzeuge einen Reparaturbetrieb ein. Einige Jahre wurden aber auch noch Ersatzteile für DAAG Nutzfahrzeuge hergestellt.

Die Konstruktionsarbeiten hatte Krupp bis 1929 teils an außenstehende Ingenieure vergeben, teils durch eigene Mitarbeiter durchführen lassen. In jenem Jahr gab es eine einschneidende Veränderung, als Adolf Roth bei Krupp die Position eines Chefkonstrukteurs erhielt; zugleich war er Geschäftsführer für den gesamten Motorwagenbereich. Er zeichnete für die Entwicklung und den Bau einer neuen Motorenfamilie verantwortlich, die als luftgekühlte Boxer- und V-Aggregate in Benzin- und Dieselausführung Gestalt annahmen. Die bisherigen Zweitakt-Diesel erfuhren eine gründliche Überarbeitung.

1930 stellte Krupp eine Weltneuheit vor: Eine hohlgegossene Kurbelwelle (nach einem Patent von Edmund Rumpler). Gleichzeitig kamen die ersten beiden neuen Benzinmotoren von Roth auf den Markt, der M-304 als luftgekühlter, 60 PS starker 3,3-Liter-Vierzylinder in Boxerform sowie der M-313 als 118 PS starker 6,1-Liter-V8, ebenfalls mit Luftkühlung. Ab 1932 erhielt man den Boxer in einem 9-Tonnen-Lastwagen mit der Typenbezeichnung L2H 43, der zwei angetriebene Hinterachsen aufwies. Sie waren beide schraubengefedert, die Vorderachse blattgefedert. Auf guten Straßen lief dieser Krupp-Laster 70 km/h.

Wie die meisten deutschen Lastwagenhersteller jener Jahre, entschied sich auch Krupp für die traditionelle Bauweise mit

Oldtimer im Super-Look: Krupp Elch L 70 E3, gebaut 1959.

Ein weiterer Krupp aus den sechziger Jahren, Typ K 901, der als Oldtimer gehegt und gepflegt wird.

Krupp AK 360 1965-68 als dreiachsiger Allrad-Kipper. 210 PS leistet der 9,5-Liter-Diesel mit sechs Zylindern.

einem sehr weit vorn eingebauten Motor, der im vorderen Chassisüberhang saß. Um aber unter Beibehaltung der nutzbaren Ladefläche die Gesamtlänge des Fahrzeugs reduzieren zu können, brachte Krupp 1931 einen Dreiachser heraus, bei dem sich der Motor unterhalb der Sitze und das Getriebe unter der Ladefläche befand. Neu war im gleichen Jahr auch ein dreiachsiger 6x4 Dreitonner unter der Bezeichnung L3H 63 mit offener Fahrerkabine, dem 1936 der L3H 163 folgte, der bis 1938 hergestellt wurde.

1933 fand die Lastwagenherstellung bei Krupp eine mehrmonatige Unterbrechung, als man den gesamten Maschinenpark erneuerte. Geplant war eine rationelle Produktion von leichten Nutzfahrzeugen mit möglichst vielen Komponenten in Baukastenbauweise, vor allem für Kommunalzwecke. Dieses Projekt betraf ausschließlich Fahrzeuge für den Zivilmarkt; für Militäraufträge waren die Gruson-Werke zuständig. Nach dem Umbau begann die Fertigung eines neuen, von Adolf Roth konstruierten Viertakt-Dieselmotors mit hängenden Ventilen und einer Einspritzmechanik von Friedrich Deckel.

Den Nutzfahrzeugbau gliederte Krupp 1936 aus seiner Firmenstruktur aus: Die schon 1919 gegründete Friedrich Krupp Kraftwagenfabrik wurde eine selbständige Aktiengesellschaft, inoffiziell »Krawa« genannt.

Mit einem großen 9-Tonner in 6x4-Bauweise kehrte Krupp 1935 noch einmal zum Kettenantrieb zurück. Die Antriebsketten für die an der starren Hinterachse befestigten Räder liefen in drehbar aufgehängten Gehäusen. Ein Jahr später entstand ein Versuchsfahrzeug mit Vielstoffmotor, der mit Kohlengas, Rohöl und Methangas zu betreiben war. Dann entstanden dreiachsige Militärfahrzeuge mit hinterer Einzelradaufhängung und 3,3-Liter-Benzinmotor sowie Stadtomnibusse für die Berliner BVG mit halbautomatischem Lysholm-Smith-Getriebe. Einige dieser Busse legten ohne Reparaturen an die 200.000 Kilometer zurück.

Nach dem Schell-Typenplan war jedem deutschen Kraftfahrzeughersteller der späten dreißiger Jahre vorgeschrieben, auf welche Produktionssegmente er sich zu konzentrieren hatte. Im mittleren Feld sah sich Krupp den Firmen Büssing-NAG, Hansa-Lloyd, Faun, Henschel, Magirus und MAN gleichgestellt. Bis zum Kriegsjahr 1940 stellten all diese Firmen etwa 12.000 Fahrzeuge dieser Einheitskategorie her. Krupps Beitrag war ein 6,5-Tonner, der aber nur eine geringe Auflage erlebte, weil die Berliner Reichsregierung anordnete, daß Krupp wieder ausschließlich für die Rüstung aktiv sein sollte – ein Befehl, dem Gustav Krupp von Bohlen und Halbach zumindest eine Zeit lang zu ignorieren wagte: Auf sei-

Klassisches Emblem der Kruppwerke: Die drei Ringe. Dieses Markenzeichen stammt aus der Zeit, als Krupp in der Mitte des 19. Jahrhunderts Eisenbahnräder mit nahtlosen Spurkränzen herzustellen begann.

Krupp K 701, Baujahr 1962, als 150-PS-Zugmaschine mit Doppelkabine. Dieses Fahrzeug hatte sein Dasein allerdings als Kipper begonnen und wurde später umgebaut.

Krupp K 801 1957-59. Die Familienähnlichkeiten der Fronthauben-Laster mit den »starken« Namen sind groß; auch Widder und Tiger wiesen Aufbauten in dieser Ausführung auf.

1954 von den Krupp-Südwerken gebauter Mustang L 70 als Spezial-Langeisen-Sattelschlepper für 23 Tonnen Nutzlast. Der Vierzylinder-Diesel ließ sich zur Bremsunterstützung als Motorkompressor fahren.

Krupp L 80 F Titan-Super 1953.

ne Anordnung lief die Fertigung von Lastwagen, Lokomotiven und Stahlkonstruktionen aller Art weiter.

Auch fuhr Adolf Roth mit der Arbeit am Zeichenbrett fort und entwickelte noch 1940 einen neuen Zweitakt-Dieselmotor in V-Form mit 7,5 Liter Hubraum, der aber nicht mehr in Serie ging. Dafür mußten vermehrt Militärlastwagen hergestellt werden, die allerdings nicht in Essen, sondern in Frankreich gebaut wurden.

Im Verlauf des Frankreichfeldzuges hatten die Deutschen in Liancourt nämlich die Traktorenfabrik SA Austin beschlagnahmt, die Robert Rothschild gehörte. Hier wurden ab Februar 1941 schwere Blockwagen vom Typ Mercedes-Benz DB10 gebaut. Ab August 1942 firmierte das Unternehmen als Krupp SA Industrielle et de Commerce mit Firmensitz in Paris. Gustav Krupp von Bohlen und Halbachs Sohn Alfried oblag es, die Krawa-Produktion von Essen nach Liancourt zu transplantieren.

Inzwischen waren die Krupp-Werke in Essen das Opfer schwerer Bombenangriffe geworden. Was von der Krawa übriggeblieben war, wurden ausgelagert, und zwar zur Firma Elmag nach Mülhausen im Elsaß. Elmag war die deutsche Bezeichnung für SACM (Société Alsacienne de Constructions Mécaniques), ein Unternehmen, das seit 1940 brach lag und einst Lokomotiven gebaut hatte. Hier wurde die Herstellung von Krupp-Militärfahrzeugen fortgesetzt.

Eine weitere Umquartierung erwies sich als erforderlich, als General Pattons Third Army ostwärts zog und Frankreich von der deutschen Okkupation befreite. Unter der Leitung Alfried Krupps

Krupp SF 501 1959-61 Sattelschlepper – ganz offensichtlich verbotswidrig parkend: Das Gewicht des Fahrzeugs beträgt satte vier Tonnen.

wurde alles, was sich verladen ließ, im August 1944 von Mülhausen nach Kulmbach und Bamberg verfrachtet. Hier entstanden Betriebsstätten einer neu gegründeten Südwerke Motoren- und Kraftwagenfabriken GmbH. Zum Betriebsdirektor ernannte man Walter Cambeis, der von Henschel & Sohn in Kassel kam.

1946 durfte Krupp in den Südwerken – in der amerikanischen Besatzungszone gelegen – mit behördlicher Ausnahmegenehmigung die Produktion von Zivilfahrzeugen aufnehmen. Man baute zunächst einen 5-Tonner mit Holzgasgenerator. Im ersten Produktionsjahr entstanden von diesem Typ 175 Stück; 1947 waren es 481 und 1948 443 Stück. Der Markenname »Südwerke« hatte seine eigene Identität erhalten.

Unter der Bezeichnung Südwerke L-50 entstand 1949 ein neuer 5-Tonner mit 110 PS starkem 8-Liter-Benzinmotor. Ein parallel hergestellter Typ LD-50 hatte einen 4,1-Liter-Dreizylinder-Diesel (Gegenlauf-Zweitakter) unter der langen Haube, der 90 PS leistete.

Krupp K 701, wie er von 1959 bis 1964 hergestellt wurde.

Krupp KF 980 aus dem Jahre 1968.

Ein Krupp LF 980 von 1965 am Polarkreis. Der 13-Liter-V8-Motor, Lizenz Cummins, leistete 250 PS.

In jener Zeit entstanden nach Entwürfen des Konstrukteurs Hans List auch zwei Zweitakt-Dieselmotoren mit Aufladung. Es handelte sich um einen Reihendreizylinder und um einen V6. Man experimentierte auch mit Fünf- und Siebenzylinder-Reihenmotoren, deren Leistung bis zu 280 PS betrug.

Die in Bayern gelegenen Betriebsstätten wurden 1951 geschlossen, die Lastwagenproduktion zurück nach Essen verlegt. Chef der neuen Krawa blieb Walter Cambeis.

Die unter der Bezeichnung Südwerke auf den Markt gebrachten Lastwagen trugen einprägsame Namen wie Büffel, Mustang, Titan. Den Markennamen »Südwerke« behielt Krupp bis 1954 auch für die in Essen fabrizierten Fahrzeuge bei – was sogar zwingend notwendig gewesen war, denn die Markenbezeichnung »Krupp« stand durch einen Alliierten Kontrollratsbeschluß bis dahin nicht zur Verfügung. Gebaut wurden in den späten fünfziger, frühen

Rechts: Ein Krupp Lastwagen 4x2 mit Plane und Spriegel aus den mittsechziger Jahren. Der V6-Motor hatte 9,7 Liter Hubraum und 200 PS; der Viertakter war ein Direkteinspritzer, Konstruktion Cummins.

Ein gewaltiger Krupp Muldenkipper Typ AMK 22C7 von 1959. Allein die Räder sind schon fast mannshoch.

sechziger Jahren hauptsächlich Kurzhauber bzw. Frontlenker mit elegantem Panoramascheiben-Fahrerhaus und einem 200 PS starken Fünfzylinder von 200 PS.

Der Titan war ein Lastwagen für 8 Tonnen Nutzlast und wies einen 8,8 Liter großen Zweitakt-Diesel mit sechs Zylindern auf, während ein Vierzylinder von 5,9 Liter und 150 PS den Mustang antrieb. Die Leistung des Titan-Motors wurde zunächst mit 190, ab 1951 mit 210 PS angegeben. 1955 wurde aus dem Titan der Tiger, und einen neuen Mustang gab es noch einmal 1963. Inzwischen hatte Krupp aber endlich einen neuen Motor parat, bei dem es sich um eine Cummins-Lizenz aus den USA handelte. Diesen Viertakter V6 mit 200 PS baute man bei Krupp zum V8 um, der 250 und ab 1967 sogar 265 PS leistete. Es gab diesen V8 mit 12,9 Liter Hubraum ab 1965, und zwar erstmals in dem neuen 16-Tonner vom Typ LF 960. Mit seiner Einführung war die Zweitakt-Diesel-Ära bei Krupp vorüber.

Der harte Wettbewerb auf Deutschlands Autobahnen ließ Krupp keine allzu großen Chancen, auf Dauer dabei zu sein. Man zog sich in Essen nach und nach aus diesem Geschäft zurück und konzentrierte sich mehr auf die Herstellung von Spezialfahrzeugen wie schweren Kippern für die Bauwirtschaft, Bundeswehrfahrzeugen und Kranwagen. Auch gab man 1965 die wenig rentabel gewordene Omnibusproduktion auf. 1966 stellte man noch 1544 Lastwagen in 4x4- und 6x6-Auslegung her, 1967 waren es aber nur mehr 1020. Am 30. Juli 1967 verstarb Alfried Krupp von Bohlen und Halbach; mit seinem Ableben zeichnete sich auch das Ende der Kraftfahrzeugherstellung in Essen ab. Sie hatte knapp fünf Jahrzehnte gewährt.

1968 verließen noch einmal 814 Lastwagen das Werk; die meisten davon gingen an die Bundeswehr. Doch mit jedem einzelnen Fahrzeug verlor das Unternehmen nur Geld: Die Verluste der Krawa hatten sich 1968 auf 140 Millionen Mark addiert. Genau ein Jahr nach dem Tod des Bertha-Krupp-Enkels stellte man in Essen die Lkw-Fertigung endgültig ein. Die Fabrikationsanlagen übernahm die Daimler-Benz AG und bezahlte dafür 40 Millionen Mark – ein Tropfen auf den heißen Stein im Vergleich zu den eingefahrenen Verlusten. Die Kipper-Fertigung war bereits im Sommer 1967 an Faun verkauft worden.

Zwanzig Jahre hielt sich Krupp vom Fahrzeugbau abstinent, begann dann 1987 im Werk Wilhelmshaven bei der Krupp Industrietechnik GmbH mit der Fertigung eines Mobilkrans namens Megatrack. Er wurde von einem 15-Liter-V8-Dieselmotor angetrieben, hergestellt von Daimler-Benz. Mit diesen Vielzweck-Kränen ist Krupp auch heute noch auf dem Markt.

Magirus-Deutz 310 D 22 AK von 1973, ein 6x6-Schwerlastwagen in der Ausführung als Dreiseitenkipper. Der KHD-Motor ist ein luftgekühlter V10 mit 14,7 Liter Hubraum und hat eine Leistung von 305 PS bei 2650/min.

Magirus, Magirus-Deutz

Von der Ulmer Dampfspritze zum Eurostar

Nachbau eines Magirus Lastwagens von 1916 – in jener Zeit entstanden bei Magirus in Ulm die ersten Fahrgestelle und Aufbauten für Lastwagen.

Nur selten erfuhr die äußerst facettenreiche Nutzfahrzeuggeschichte des Hauses Magirus eine gerechte Würdigung, denn dieses Unternehmen stellt seit dem Jahre 1904 nicht nur Lastwagen und ab 1919 auch Omnibusse her, sondern vor allem Feuerlöschfahrzeuge einschließlich ihrer Ausrüstungen und Drehleitern sowie Motoren aller Größenordnungen – eine große Bandbreite renommierter Produkte, die den Namen Magirus in aller Welt berühmt machten, bevor er in IVECO aufging. IVECO: Eine Multimarkenbezeichnung, die seit 1983 für beispielhafte paneuropäische Zusammenarbeit großer Industriefirmen steht.

Die Anfänge der Firma Magirus gehen auf das Jahr 1864 zurück. Damals begann das in Ulm ansässige Familienunternehmen - dessen Name aus dem Griechischen stammt und »Koch« bedeutet - mit der Herstellung von Feuerlöschgeräten.

Wann immer einer der Magirus-Vorfahren seinen Namen Koch änderte (so wie Georg Bauer sich Georgius Agricola nannte, nachdem er Latein gelernt hatte): Mit Conrad Dietrich Magirus fängt die Geschichte dieser Firma an. Er war damals Vorsteher der Ulmer Feuerwehr und beklagte sich, wie die Chroniken vermerken, des öfteren über unzulängliche Gerätschaften, mit denen seine Leute ausrücken mußten. Er konstruierte deshalb eine mechanische Ausziehleiter, die er 1872 einer ersten »Feuertaufe« unterziehen durfte, und ihr folgten neben anderen Rüstzeugen für die Feuerwehr einige tausend weitere Leitern, die in ganz Deutschland Abnehmer fanden.

Ein erstes Dampfmobil Marke Magirus machte 1904 seine Aufwartung. Das Fahrzeug war mit einer großen Schlauchrolle und einer ausfahrbaren Drehleiter versehen. Weitere Exemplare folgten, jedoch bezog Magirus die Fahrzeugrahmen, alle Antriebsbauteile und auch die Danmpfmaschinen von anderen Herstellern und fügte sie »nur« zu einer Einheit zusammen; sich als Fahrzeugfabrikant zu profilieren, lag den Ulmern noch fern.

Magirus Müllwagen als Kipper, ein Dreitonner von 1920.

Magirus L 365 mit Deutz-Dieselmotor, Baujahr 1937.

Um 1907 baute Magirus eine Feldküche auf Rädern - sie erlangte unter der Bezeichnung »Gulaschkanone« große Popularität. Überhaupt machte sich Magirus als Lieferant von Ausrüstungen fürs Militär einen Namen, vor allem während des Ersten Weltkrieges.

Für großes Aufsehen sorgte eine von Magirus gebaute Artillerie-Zugmaschine mit Vierradantrieb, 1916 als »Kraftprotze« vorgestellt. Ihre Konstruktion stammte von Heinrich Buschmann, der von 1912 bis 1915 als Chefingenieur bei Benz gearbeitet hatte. Unter seiner Regie entstand bei Magirus eine Motorenbauabteilung; hier wurde als erstes eigenes Aggregat ein wassergekühlter Vierzylinder-Benzinmotor gebaut. Er trieb einen Dreitonner 3K1 mit Kettenantrieb zur Hinterachse an; der für den Zivileinsatz 3C genannte Magirus-Lastwagen hatte Kardanantrieb.

Den gleichen 40-PS-Vierzylinder erhielt ein 1-1,5-Tonner, der 1917 erschien; zwei Jahre später folgte eine Reihe von 18sitzigen Omnibussen und Postfahrzeugen.

Einige dieser Postfahrzeuge nahm die Württembergische Post in Betrieb. Zur gleichen Zeit entschloß man sich bei Magirus, um eine breitere Plattform für den Absatz zu bekommen, dem Deutschen Automobil-Konzern (DAK) beizutreten, dem auch Vomag, Dux und Presto angehörten.

Nicht alle Magirus-Nutzfahrzeuge stattete man mit Motoren eigener Produktion aus. Für die schwereren Lastwagen und Omnibusse bezogen die Ulmer vielmehr Motoren von Maybach: Der OS5 genannte 7-Liter-Sechszylinder hatte eine Leistung von 100 PS. Die Entwicklung eigener Aggregate geriet in den Hintergrund, da sich Heinrich Buschmann zurückgezogen und eine Position als Dozent an der Staatlichen Ingenieurschule Esslingen angenommen hatte. Als freier Mitarbeiter war er von 1924 bis 1930 aber erneut für Magirus tätig und entwickelte eine Reihe fortschrittlicher Motoren und Fahrzeuge.

Magirus Saturn Frontlenker, wie er 1958-61 gebaut wurde. Der 9,5-Liter-V6-Dieselmotor befindet sich unterhalb der Fahrersitze.

Lastwagen Klöckner-Deutz S 3000, ein Dreitonner, den es zu Beginn der vierziger Jahr gab und der 1946/47 in gleicher Ausführung hergestellt wurde.

Der klassische Rundhauber aus Ulm:
Magirus-Deutz Mercur 120 Kipper von 1959.

Magirus-Deutz S 3500 von 1952. Die hohe Spitze im Markenzeichen auf der Kühlermaske symbolisiert das Ulmer Münster.

Mit dem 2CN1 stellte Magirus 1924 einen Niederflur-Omnibus mit Luftreifen vor, der eine Reihe interessanter Aufträge nach sich zog: Magirus wurde zum Omnibuslieferanten zahlreicher Städte in Süddeutschland, natürlich auch von Ulm.

1926 wurde Carl Koch, der zuvor für Vomag und Hansa-Lloyd gearbeitet hatte, Verkaufsdirektor; den Bankier Hermann Köhler berief man in den Aufsichtsrat. Die Strategie dieser beiden Herren hatte eine Expansion des Unternehmens zum Inhalt, die den Fahrzeugbau in den Vordergrund stellte; 1927 standen bereits 2000 Mitarbeiter auf der Lohnliste. Populärster Magirus war ein 30sitziger Omnibus mit Maybach-Motor und einer Karosserie, die bei der Firma Karl Käßbohrer hergestellt wurde.

Die Auftragslage ließ indes keinen kontinuierlichen Trend erkennen. Die Zeiten wurden schwerer, der Wettbewerb härter. Auch das Feuerwehrgeschäft fuhr kaum noch Gewinne ein, obwohl etliche schwere Fahrzeuge gebaut und auch ins Ausland verkauft wurden, etwa nach Rußland, Ostasien und Südamerika. Mit einem von Buschmann entwickelten Vierachsen-Lastwagen versuchte Magirus, in neue Bereiche vorzustoßen, was aber angesichts der sich anbahnenden Weltwirtschaftskrise nicht gelang. Unerwartet hohe Investitionen hatte auch der Aufbau einer eigenen Motorenfertigung erfordert, die sich erst langfristig amortisieren konnte. Glanzstück war ein V-135 genannter Vierzylinder von 10,3 Liter Hubraum und einer Leistung von 72 PS, der auch in Magirus-Omnibussen zu finden war.

Allradgetriebener Magirus-Deutz 230 D 22 AK 6x6 mit 230 PS von 1971, ehem. Deutsche Bundesbahn.

Magirus-Deutz Modell F 200 D 11 AS von ca. 1967 mit Tieflader-Auflieger, im Dienst der Feuerwehr in Frankfurt am Main.

Magirus-Deutz Saturn 150 Pritschenwagen 1961/62.

Magirus-Deutz FM 200 D 1967/68.

Magirus-Deutz 130 M8 FL von 1978. Das Iveco-Emblem nimmt sich auf der Frontverkleidung noch sehr bescheiden aus.

Versuchswagen mit Gasturbinenantrieb, 1968 erprobt. Äußerlich gleicht das Fahrzeug dem 250 D22.

Magirus-Deutz Mercur 126 von 1964, der KHD-Motor war ein luftgekühlter V6 von 7,5 Liter Hubraum. Diese Haubenlastwagen von Magirus wurden landläufig als »Bullen« bezeichnet.

1929 wurde der von den Gaggenauer Benz-Werken übernommene Karl-Friedrich Willich bei Magirus Chefingenieur. In seiner Regie entstanden Fahrzeuge mit besonders niedriger Schwerpunktlage, Ballonreifen und relativ hoher Geschwindigkeit. Auch der 1931 vorgestellte M15 war sein Werk, ein Lastwagen von 1,5 bis 2,3 t Nutzlast mit einem 60 bis 65 PS starken 4,5-Liter-Benzinmotor. Ihm folgte der M20 mit 2 bis 2,8 t Nutzlast.

Willich hatte sich bei Benz eingehende Kenntnisse im Bau von Dieselmotoren erworben, die er bei Magirus anwendete. So entstand 1931 in Ulm der 3-Liter-Viertakt-Vorkammer-Diesel V88R mit vier Zylindern und 45 PS; kurze Zeit später gaben der S88R mit 70 PS und der S110R mit 110 PS – beides Sechszylinder mit 4,6 bzw. 7,4 Liter Hubraum – ihr Debüt. Letzterer trieb den neuen

Magirus Dreiseitenkipper Typ 330-30 in 6x6-Spezifikation von 1967.

Ein moderner Iveco 340 auf dem Weg nach Istanbul. Die Marke Iveco entstand 1975 durch die Zusammenlegung des Nutzfahrzeugbaus von Fiat, Lancia, OM, Unic, Magirus-Deutz und später Ford of Great Britain.

Magirus M40 Fünftonner an, während man für den Sechstonner M50 nach wie vor den 7-Liter-Maybach-Benziner verwendete.

Eine große Zugmaschine für den Fernverkehr stellte Magirus 1932 vor, gedacht für einen Aufleger mit 7 t Nutzlast. Zu jener Zeit aber halfen auch die attraktivsten Neuschöpfungen nicht mehr, die total überschuldete Firma aus den roten Zahlen zu bewegen. Ein Bankenkonsortium bestand auf einer Umschuldung und der Veräußerung einiger Liegenschaften, zu der das Werk Nr. 2 gehörte, das während des Ersten Weltkrieges gebaut worden war, nun von der Stadt Ulm übernommen wurde und als Omnibusdepot neue Verwendung fand. Auch trug man sich bei Magirus mit dem Gedanken einer neuen Fahrzeugkategorie, die 1933 in Gestalt eines Kleinlastwagens mit Zweizylinder-Zweitaktmotor von Ilo vorgestellt wurde. Der 600-ccm-Frontlenker war eine recht einfache Fahrmaschine, fand bis 1937 jedoch mehr als 1000 Abnehmer.

Die Ertragslage blieb dennoch weiterhin hinter den Erwartungen, und angesichts der scheinbar aussichtslosen Lage trat 1934 der gesamte Aufsichtsrat zurück. Eine Lösung mußte gefunden werden, um das Unternehmen zu retten. Es kam zu Verhandlungen mit den Motorenwerken Deutz, in deren Verlauf eine enge Kooperation beschlossen wurde: Sie betraf die Entwicklung und den Bau von Dieselmotoren sowie den Vertrieb von Magirus-Erzeugnissen über die Deutz-Verkaufsorganisation.

Federführend bei den Verhandlungen war Peter Klöckner, Besitzer der Humboldt-Werke. In seiner Firma wurden Maschinen, Pressen, chemische Apparaturen und Stahlkonstruktionen aller Art hergestellt. Humboldt gehörte damals die Majorität der 1872 von Nikolaus August Otto gegründeten Deutz-Motorenwerke, die seit 1898 Diesel-

motoren produzierte. Auf Klöckners Initiative fusionierte die C. D. Magirus AG, Ulmer Feuerlöschgeräte- und Leiternfabrik, am 5. März 1936 mit der Humboldt-Deutz Motoren AG. Das Geschäft wurde ohne finanzielle Transaktion abgewickelt: Die Magirus-Aktionäre erhielten für je eine ihrer Aktien eine Deutz-Aktie.

Bis 1938 firmierte die Gesellschaft als Humboldt-Deutz Motoren AG Ulm, danach als Klöckner-Humboldt-Deutz AG. Die Nutzfahrzeuge liefen unter der Bezeichnung Magirus-Deutz, und die wassergekühlten Magirus-Motoren wurden nach und nach durch luftgekühlte Deutz-Aggregate abgelöst. Bis 1938 hatte man beim M40 noch die Wahl zwischen einem Benzin- oder Dieselmotor.

Mit einem 4x2-Frontlenker M65 kam Magirus 1936 auf den Markt. Mit identischem Antriebsaggregat präsentierte sich der M265 als konventionelles Haubenfahrzeug. Die 1938er M165, L265 und L365 (6 bis 6,5 t Nutzlast) wurden dann bereits von luftgekühlten Deutz-Motoren vom Typ F6M 517 angetrieben.

Erst relativ spät wurde Magirus zur Produktion von Militärfahrzeugen herangezogen. So entstand im Sommer 1942, knapp drei Jahre nach Kriegsausbruch, der S 3000 4,5-Tonner als Halbkettenfahrzeug für die Wehrmacht. Es bekam den Namen »Maultier« und hatte einen 5-Liter-Dieselmotor mit vier Zylindern und 80 PS Leistung. Auch baute Magirus den von Ferdinand Porsche konstruierten »Raupenschlepper Ost«, eine kleine, als Frontlenker konzipierte Zugmaschine mit übergroßen Reifen auf den Vorderrädern und einem luftgekühlten Deutz-Diesel F4L 514, gut 65 PS stark. Der Raupenschlepper konnte 1,7 t Ladung befördern und mindestens weitere 3 t an den Zughaken nehmen. Nach dem Kriege baute man einige dieser Fahrzeuge unter der Bezeichnung »Waldschlepper RS 1500« und als Feuerwehrfahrzeuge. Sie trugen den Markennamen Klöckner-Deutz.

Der Neubeginn nach Kriegsende vollzog sich in Ulm nur zögernd; das Werk lag weitgehend in Trümmern. Es zog sich bis 1949 hin, ehe der Magirus-Deutz S 3500 vorgestellt werden konnte. Sein unverwechselbares Merkmal war eine oben stark abgerundete Kühlerfront mit dem stilisierten Markensymbol des Ulmer Münsters in Form eines großen M. Der Motor war ein 75 PS leistender 5,3-Liter-Vierzylinder, serienreif gemacht vom Chefingenieur Karl Langmaier. Er war 1915 als Lehrling zur Firma Magirus gekommen, hatte unter Buschmann gearbeitet und war 1935 zu Deutz gegangen. 1945 kehrte er nach Ulm zurück.

Unter Karl Langmaier kam auch Adolf Wünsche zu Magirus, ein aus Zwickau stammender Motorenkonstrukteur, der in den dreißiger Jahren für Steyr-Daimler-Puch tätig gewesen war. Wünsche entwickelte in Ulm den Heckmotor-Omnibus und allradgetriebene Lastwagen. Bis 1981 schuf er für Magirus-Deutz eine große Zahl richtungweisender Konstruktionen.

Mit dem Magirus Saturn 195 FS stellten die Ulmer 1951 einen Pritschenwagen und eine Frontlenker-Sattelzugmaschine vor, al-

Iveco Sattelschlepper 510. Seit Ende der achtziger Jahre gehört diese Lkw-Generation zum Verkehrsbild europäischer Fernverkehrsstraßen.

lerdings ohne die klassische Rundnase, die den S 3500 zierte. Mit seinem glattflächigen, modernen Fahrerhaus wurde der Saturn bis 1961 hergestellt; als 6x4 konnte die Maschine bis zu 32 t Gesamtgewicht bewegen. Der luftgekühlte Deutz-Motor hatte 195 PS und war als Achtzylinder in V-Bauweise ausgelegt. Mit dem Saturn versuchte sich Magirus-Deutz einen Teil des Fernverkehr-Fahrzeuggeschäfts zu sichern, doch größter Umsatzträger stellten um jene Zeit Feuerlöschfahrzeuge dar.

1955 bis 1962 war Magirus ein bedeutender Lieferant der NATO-Streitkräfte, denen man große Stückzahlen der Allrad-Lastwagen A 6500 und A 7500 verkaufte. Das erste noch vorn abkippbare Fahrerhaus stellten die Ulmer 1955 vor, und in kurzer Folge kamen die Modelle Merkur, Sirius, Pluto und Jupiter heraus. Ebenfalls im Jahre 1955 erfolgte die Verlegung der Omnibusfertigung von Ulm nach Mainz, wo sie bis 1982 verblieb, ehe sie auf Beschluß der IVECO-Gruppe nach Italien kam.

Wie zu Anfang der dreißiger Jahre, zeichnete sich auch 1957 eine Krise im deutschen Nutzfahrzeugbau ab. Magirus-Deutz mußte die Produktion zurückfahren, Bänder stillegen und Leute entlassen. Als Retter erwies sich die Deutsche Bundespost, die kontinuierlich Aufträge nach Ulm vergab, wo 1962-1969 auch über eintausend Zustellwagen vom Typ 110 D 7 L gebaut wurden. Den 3,1-Tonner bewegte ein 90 (später 110) PS starker Vierzylinder. Auf ebenfalls erfreuliche Stückzahlen kam der Jupiter 1962-1964 6x6 mit 12,7-Liter-Motor, den vorwiegend das Militär bestellte. Der Jahresausstoß betrug 1965 bei Magirus-Deutz 12.281 Fahrzeuge, doch ging er danach abermals spürbar zurück und war 1967 bei 9.062 angelangt.

Die Produktreihe der 1969er Magirus-Deutz-Lastwagen umfaßte 170 bis 340 PS starke Motoren, sämtlich luftgekühlt und im Modulverfahren konstruiert. Kleinstes Aggregat war ein 8,5 Liter großer Sechszylinder, das größte ein 17-Liter-V12. Dazwischen rangierten ein 232 PS starker 11,3-Liter-V8 und ein 290 PS starker 14-Liter-V10.

In Donautal, westlich von Ulm, entstand ein neues Werk, in welchem Adolf Wünsche weiterhin seine Position als Entwicklungschef ausübte; als verantwortlicher Mann für den gesamten Fahrzeugbau bei Klöckner-Humboldt-Deutz zeichnete ab 1970 Heinz W. Hahn verantwortlich. 1970 wurde auch eine neue Modellreihe vorgestellt: Als »kantige Eckhauber« mit steil aufragender, großflächiger Windschutzscheibe markierten sie eine Linie der kompromißlosen Sachlichkeit. Es waren 4x4 und 4x2, vorwiegend für die Baubranche gedacht, mit einem zulässigen Gesamtgewicht bis zu 26 t. Kleinere und mittlere Fahrzeuge folgten in den Typenreihen 90M, 130M und 160M, und bei den großen Kalibern, »Bullen« genannt, waren es dann die Frontlenker und Haubenfahrzeuge mit V6-, V8- und V10-Motoren bis zu 16 Liter Hubraum und 320 PS, die in vielen Ausführungen, vor allem auch als Container-Sattelzüge, auf den Autobahnen und Landstraßen Europas zu sehen waren.

Als 1974 die Ölvorkommen in Sibirien im großen Maßstab nutzbar gemacht wurden, gehörte Magirus-Deutz zu den ersten, die davon profitierten – durch einen von den Russen erteilten Auftrag über 10.000 Fahrzeuge mit luftgekühlten Dieselmotoren. Im gleichen Jahr kam es zur Unterzeichnung eines Vertrages mit Volvo, DAF und Saviem, der die Entwicklung und die Herstellung eines gemeinsamen Fahrerhauses für mittlere und leichte Lastwagen vorsah. Ohne das Sibirien-Business und diesen Gemeinschaftsauftrag, der sich für Magirus-Deutz als recht lukrativ erwies, hätte das Unternehmen in den siebziger Jahren keinen leichten Stand gehabt.

Denn die Zeiten waren immer schwieriger geworden. Viele prominente Wettbewerber hatten enger zusammenrücken müssen, und auch Magirus-Deutz war, auf sich allein gestellt, kaum mehr lebensfähig. Der italienische Industriegigant Fiat sah sich im Nutzfahrzeugbereich vor ähnliche Probleme gestellt, und auf seine Initiative etablierte sich 1974 ein Firmenverbund, der allen Beteiligten neue Überlebenschancen einräumen sollte. Zu Fiat gehörten bereits Lancia, OM und der französische Hersteller Unic, und vom 1. Januar 1975 an auch 80 Prozent von Magirus-Deutz. Damit war die IVECO-Gruppe geboren (International Vehicle Corporation).

Jede der beteiligten Gesellschaften behielt zwar weitgehend ihre Autonomie, doch die Aktivitäten aller wurden bis ins Detail aufeinander abgestimmt. Allmählich verschwand die Fahrzeugbezeichnung Magirus-Deutz zugunsten von IVECO-Magirus, und die Magirus-Deutz AG in Ulm firmierte ab 1983 als IVECO Magirus AG, nachdem Fiat von der Klöckner-Humboldt-Deutz AG (KHD) auch die restlichen 20 Prozent der Magirus-Deutz-Tochter erworben hatte.

Ulm ist heute die zentrale Fertigungsstätte der IVECO-Modelle Eurostar und Eurotrakker, die sowohl innerhalb und als auch außerhalb Europas guten Absatz finden, aber keine individuelle Markenzuordnung im Sinne einer Bezeichnung ihrer Herkunft mehr erkennen lassen. Ein Schicksal, das Magirus mit Fiat- und Unic-Nutzfahrzeugen zu teilen hat.

MAN 16.192 F, Baujahr 1986 – der moderne Europa-Truck im Zeichen eines neuen, grenzenlosen Fernverkehrs.

MAN, MAN-VW

Die bayerische Diesel-Dynastie

Originalgetreu nachgebauter Oldtimer: MAN Baumuster 1919. Damals bezog man übrigens Vierzylindermotoren von BMW.

Die Anfänge der Maschinenfabrik Augsburg-Nürnberg AG, kurz MAN, gehen nach offizieller Lesart auf eine Firmengründung im November 1840 zurück. Sie fand in Augsburg statt; gleichwohl datiert die Gründung der Nürnberger Komponente einige Jahre früher.

In Augsburg baute man Druckerpressen, Dampfmaschinen und Wasserturbinen, in Nürnberg gab es eine große Kesselschmiede sowie Betriebe für den Eisenbahnwagenbau und die Herstellung von Maschinen aller Art.

Im Jahre 1898 kam es zur Fusion. Gemeinsames Anliegen der beiden bayerischen Werke war es vor allem, dem damals noch jungen »Wärmemotor Patent Rudolf Diesel« zum Durchbruch zu verhelfen. Man sah in ihm das Antriebsaggregat der Zukunft.

Von der Firma MAN hergestellte Dieselmotoren wurden schon früh zu zahlreichen Antriebszwecken verwendet, vor allem in Schiffen, später in Schienenfahrzeugen, aber auch sehr früh schon in Lastkraftwagen. Der erste in eigener Regie gebaute MAN Lastwagen entstand im Kriegsjahr 1915 nach einer Lizenz der Firma Saurer; dies war ein Viertonner mit Kettenantrieb. Kurioserweise hatte dieses Fahrzeug aber einen Vierzylinder-Ottomotor, obwohl auch Saurer zu den Pionieren des Diesels zählte. Ottomotoren baute MAN während des Ersten Weltkrieges auch für Flugzeuge. Ein Jahr später entstand in Nürnberg der erste Lkw mit Selbstzünder. In den zwanziger Jahren kam es zur einer Serienherstellung dieses Fahrzeugs; daraus entwickelte sich eine Reihe, die bis

MAN Lastwagen Typ E1 von 1934.

MAN 758L Abschleppwagen. Diese Baureihe wurde 1954-56 hergestellt.

Dieser MAN Dieselmotor hat Museumsqualifikation: Er ist das Ergebnis jahrelanger Restaurierungsarbeit.

1939 schließlich einen 3-, einen 4-, einen 5- und einen 6-Tonner umfaßte. MAN-Nutzfahrzeuge gab es für eine Vielzahl von Branchen mit den verschiedensten Aufbauvarianten. 1928-29 führte MAN auch die 2-t-Lastwagen der Firma Ley im Programm. Diese Fahrzeuge hatten einen 3,1-Liter-Vierzylinder-Ottomotor und gingen 65 km/h, was ihnen den Namen »Schnell-Lastwagen« einbrachte. Es gab auch einige MAN-Lastwagen mit BMW-Motor; die Bayerischen Motoren Werke stellten in den frühen zwanziger Jahren - noch vor Aufnahme ihrer Motorradproduktion - einen 45/60 PS genannten Vierzylinder her, der als Stationäraggregat und Bootsmotor gedacht war, aber auch von einigen Nutzfahrzeugfirmen gekauft wurde. Außer MAN zählten die Kölner Firma Zyphen & Charlier sowie der rumänische Lastwagenhersteller Astra zu den Abnehmern des BMW-Motors.

Eigene Motoren zu verwenden, war natürlich für einen Hersteller für MAN sehr viel sinnvoller; der BMW-Deal nimmt sich im nachhinein wie eine Verlegenheitslösung aus; vielleicht war es auch nur der Versuch, auf anderen Ebenen miteinander ins Geschäft zu kommen. In der Frühzeit des MAN-Motorenbaus profilierten sich schließlich zahlreiche Könner, die mit den BMW-Ingenieuren in starkem Wettbewerb lagen. Ihre Namen sind heute so gut wie vergessen: Anton v. Rieppel, Gottlieb Lippart, Otto Gertung, Hans Wellhausen. Als einer der führenden Männer im MAN-Dieselmotorenbau wäre auch Siegfried Meurer zu erwähnen. Der promovierte Ingenieur kam 1938 zu MAN nach Nürnberg und hatte großen Anteil an der Entwicklung sogenannter »schnellaufender« Aggregate, worunter man solche mit mehr als 2500 Touren verstand. 1950 wurde er Chef der Forschungsabteilung, 1962 Vorstandsmitglied. Auf Meurers Konto gehen nicht weniger als 400 Patente auf dem Gebiet des Maschinenbaus. Sein Chef war ab 1966 Hans H. Moll, ein weiterer prominenter Techniker, der sich bei Junkers, Daimler-Benz und Krupp profiliert hatte, ehe er bei MAN die Gesamtleitung des Nutzfahrzeugbaus übernahm. Chefkonstrukteur war zu jener Zeit Werner Görge, der diese Position bis 1979 innehatte.

Als der Zweite Weltkrieg zuende war, zeichnete Paul Wiebicke für die Konstruktionsabteilung bei MAN verantwortlich; er gehörte der Firma seit dem Jahre 1916 an und hatte sich in den frühen zwanziger Jahren große Verdienste mit der Entwicklung des leichten Vierzylinder-Diesels erworben. Später konstruierte er in Nürnberg den ersten 100 PS starken Diesel-Sechszylinder. Wie Meurer, hatte auch Wiebicke eine große Zahl wichtiger Patente anmelden können. Unter seiner Regie begann man in Nürnberg be-

Vibrationen vom Motor hält eine elastische Verbindung vom Fahrerhaus fern. Solche Details originalgetreu zu restaurieren, ist das Anliegen engagierter Lkw-Liebhaber.

Fertigungsstraße für Diesel-Lastwagen bei MAN um 1954.

MAN Typ 530 E1 aus dem Jahre 1953.

MAN 750 L1 Sattelzug 1957-61 in Fahrt.

1977 in Barcelona photographierter MAN MK 26 Sattelschlepper von ca. 1954.

MAN 415 HA 1966 als Müllwagen in Oberbayern.

Ein Lkw-Klassiker auf Alpenfahrt: MAN 635 HKA Baujahr 1963.

Front eines MAN 515L von 1955.

reits im Mai 1945 wieder mit der Herstellung von Lastwagen: Die amerikanische Besatzungsmacht schien an der Wiederbelebung des Unternehmens großes Interesse zu haben. Doch die erste Lkw-Neukonstruktion erschien nicht vor 1951 in Gestalt des MAN F8 mit einem 180 PS starken Diesel-V8. Schon damals hatte MAN übrigens einen Motor mit Abgas-Turbolader in der Entwicklung.

1955 erwarb MAN ein zusätzliches Werksareal in Hamburg, wichtigstes Ereignis aber war die Übersiedlung des Lastwagenbaus von Nürnberg nach München, wo MAN im April das ehemalige Flugmotorenwerk von BMW übernommen hatte. Nur die Motorenfertigung beließ man weiterhin in Nürnberg. BMW kam die Transaktion äußerst gelegen - der von MAN überwiesene Millionenbetrag sicherte der Bayerischen Motoren Werke AG die damals stark bedrohte Existenz und ermöglichte ihr, Lizenz und Maschinenpark für den Bau der berühmten Isetta zu erwerben. Das Gelände in München-Allach maß über 700.000 qm; mehr als 20 Prozent davon waren überdacht. Der Mann, in dessen Regie in München die neue Produktionsstätte in Betrieb genommen wurde, hieß Otto Meyer. Mit dem Umzug von Nürnberg nach München vollbrachte er ein organisatorisches Bravourstück ohnegleichen. Jedoch nicht vor dem 11. November 1955 konnte MAN in München die Arbeit aufnehmen - ein halbes Jahr nach Vertragsunterzeichnung: Die Amerikaner, die in Allach ein Army-Depot und einen ausgedehnten Reparaturbetrieb eingerichtet hatten,

MAN 16.168 von ca. 1981 als Baustellenfahrzeug in Berlin.

Dieser MAN ist ein Typ 515 L1 von 1954-56, ein klassischer Kurzhauber, den es als 4x2 gab.

MAN MK 26 von 1950-54 mit einem Sechszylinder-Direkteinspritzer von 8,8 Liter Hubraum und 130 PS bei 2000/min.

ließen sich viel Zeit mit dem Räumen des von ihnen okkupierten Geländes.

Im Lastwagenbau arbeiteten um 1956 etwa 2250 Personen. Sie bauten monatlich rund 250 schwere und 300 mittelschwere Lkw, dazu etwa 400 Ackerschlepper. 1500 bis 2000 Motoren verließen jeden Monat das Nürnberger Werk. Auch in Käßbohrer-Omnibusse kamen MAN-Motoren zum Einbau; Turbodiesel in V8-Bauweise mit einer Leistung bis zu 250 PS. Glanzstück der Motorenfabrik war eine neue Montagehalle von einem halben Kilometer Länge ...

MAN lieferte Dieselmotoren und Baulizenzen an zahlreiche andere Firmen. Allein im Verlauf der Jahre von 1955 bis 1975 waren es zwei Dutzend; zu ihnen gehörten Simca und Renault in Frankreich oder Continental in den USA ebenso wie Hankook in Korea oder Cosmos-Automontaza in Jugoslawien. Auch ging MAN im Laufe der Zeit verschiedene Partnerschaften ein, so mit dem französischen Nutzfahrzeughersteller Saviem. Der Vertrag währte von 1967 bis 1977. Mit französischen Unternehmen schien man bei MAN schon immer gern zusammenzuarbeiten: Von 1955 datiert ein Lizenzabkommen mit Bernard, von 1957 eines mit Berliet, von 1958 eines mit Citroën.

Gegenseitig unterstützten sich die Gesellschaften MAN und Saviem in den Bereichen Entwicklung, Fertigung und Vertrieb leichter Lkw. Ebenfalls 1967 erwarb MAN eine Minderheitsbeteiligung an der traditionsreichen Braunschweiger Firma Büssing. Zwei Jahre später gehörte MAN bereits 50 Prozent dieser Firma. Mit Daimler-Benz begann 1970 ebenfalls eine Kooperation, und seit 1977 arbeitet MAN eng mit dem Volkswagenwerk zusammen. Auch die österreichische Firma ÖAF gehört bereits seit 1936 zum MAN-Konzern, dem sich 1971 ein weiterer österreichischer Nutzfahrzeughersteller anschloß – die Firma Gräf & Stift. Seit 1990 ist auch Steyr zu 85 Prozent im MAN-Besitz. Somit verfügt die Gruppe, die seit 1920 zum Montan-Giganten Gutehoffnungshütte AG gehört, in Mitteleuropa über eine Vielzahl von Betriebsstätten.

Mit einem breit gefächerten Programm vermochte sich MAN nach Mercedes-Benz den zweiten Platz unter den deutschen Herstellern zu sichern. Das Angebot der Jahre 1945 bis 1955 umfaßte im Schnitt 14 Modelle vom 4,5- bis zum 8-Tonner; es waren Kurzhauber mit Direkteinspritzmotoren von 6 bis 8,8 Liter Hubraum sowie schwere Haubenfahrzeuge mit Sechs- und Achtzylindermotoren von 8,3 bis 11,7 Liter Hubraum.

Nur wenige Hersteller legten in jenen Jahren großen Wert auf ein attraktives Design ihrer Nutzfahrzeuge, Omnibusse ausgenommen. So fiel der 1955 vorgestellte neue MAN der mittleren Kategorie schon aus dem Rahmen des üblichen, als er einen Aufbau erhielt, bei welchem Fahrerhaus, Motorhaube und Kotflügel eine organische Einheit bildeten – fast wie bei einem Personenwagen. Die Kabine wies erstmals eine Panorama-Windschutzscheibe auf. Mit diesem neuen Styling wurde zunächst der Typ 400 vorgestellt, der bald zum 415 avancierte. Angetrieben wurde der 4,5-Tonner durch einen 100 PS (später 115 PS) starken Diesel-Sechszylinder. Ein Jahr später kam der erste MAN-Frontlenker (415 L F1) auf den Markt. Es gab die Baureihe 415 bis zum Jahre 1974.

Kurzhauber und Frontlenker bestimmten das Bild bis in die späten sechziger Jahre, als ein neues Fahrerhaus-Design vorgestellt wurde; zugleich kam ein neuer V8-Diesel mit 15 Liter Hubraum und 250 bis 275 PS Leistung auf den Markt. Die robusten Sechszylinder, zum Teil mit Abgas-Turbolader, bildeten aber weiterhin die Basis der MAN-Motorisierung. Sechsrad-Schwerstlastwagen mit V8-Motor von mehr als 300 PS sowie allradgetriebene Zugmaschinen rundeten das MAN-Angebot nach oben ab.

1967 gab MAN die Herstellung von Frontlenkern der leichten Kategorie nach eigener Konstruktion auf. Aus Gründen der Rationalisierung entschied man sich, wie weiter oben erwähnt, für eine Zusammenarbeit mit der französischen Nutzfahrzeugfirma Saviem und übernahm deren Konstruktionen für diesen Bereich. Die Firma Saviem – hervorgegangen aus dem Zusammenschluß der Nutzfahrzeughersteller Renault, Latil und Somua – wiederum arbeitete mit Henschel-Lizenzen und verwendete ab 1975 Fahrerhäuser, deren Design sie sich mit Volvo, Magirus und DAF teilte.

Unterflurmotoren kamen bei MAN auf, als man 1972 die Zusammenarbeit mit der auf eine solche Bauweise spezialisierten Firma Büssing aufnahm. Der Übergang von Büssing zu MAN vollzog sich ganz allmählich; der Prozeß war erst 1979 abgeschlossen. Gleichwohl hatte Büssing 1974 aufgehört, eine eigenständige Marke zu sein. Seither findet man den Braunschweiger Löwen als zusätzliches Emblem auf allen MAN-Nutzfahrzeugen. Doch nur 1972 bis 1981 wurden die Fahrzeuge nach Büssing-Unterflur-Konstruktion auch unter dem Namen MAN-Büssing geführt.

Die ab 1977 praktizierte Zusammenarbeit mit VW resultierte knapp zwei Jahre später in einer neuen Fahrzeug-Baureihe der leichten und der mittleren Kategorie, also der 6- bis 10-Tonnen-Klasse. Volkswagen war hier sozusagen der Nachfolger des MAN-Vertragspartners Saviem. Die neuen Lastwagen mit dem MAN-VW-Doppelemblem schlossen nach oben an die Wolfsburger LT-Baureihe (der LT55 war ein 5,5-Tonner) an, hatten anfangs Vier- und Sechszylinder-Dieselmotoren von 5,7 und 6,9 Liter Hubraum (Di-

MAN 745. Diesen als Pritsche und als Kipper gebauten Lastwagen gab es von 1956 bis 1961. Die Nutzlast betrug 6 oder 7 Tonnen.

MAN F8, wie er 1951 bis 1963 hergestellt wurde. Seine »letzte Fahrt«, wie mit Kreide auf der Tür geschrieben steht, war dies nicht – der Zug wurde der Nachwelt erhalten und ist bei Veteranentreffen wieder mit dabei.

rekteinspritzung) mit Leistungen von 135 bis 170 PS. Antriebstechnik und Fahrwerk wurden bei MAN entwickelt, die Aufbauten entstanden bei VW.

Inzwischen hat das MAN-VW-Programm eine enorme Ausweitung erfahren und ist auch auf zahlreichen ausländischen Märkten, wie etwa in Südamerika, in hohem Maße vertreten.

Die Bundeswehr und einige ihrer NATO-Partner wurden ebenso treue MAN-Kunden wie die Bauwirtschaft, die Güterfernverkehrsbranche, Kommunalverwaltungen im In- und Ausland oder Dutzende großer Flughafenbetreiber. Die Vielfalt der Serien- und Spezialfahrzeuge ist immens, und das enge, internationale Vertriebsnetz sorgt heute für die Präsenz der Marke auf allen Kontinenten des Globus. Motoren von vier bis zwölf Zylindern werden gebaut, bis zu 1000 PS stark. Selbst die amerikanische Armee hat MAN-Fahrzeuge in ihrem Fuhrpark, und es überrascht nicht, MAN-Spezialfahrzeuge auf fernöstlichen Bohrfeldern, im Konvoi afrikanischer Forschungstrupps oder im malaysischen Dschungel anzutreffen. Zu den Klassikern, die auf den Straßen der Welt zu den zuverlässigsten Lastwagen zählen, gehört ein 22.321 UNL mit aufgeladenem Intercooler-Unterflurmotor, Voll-Luftfederung und Nachlaufachse ebenso dazu wie Veteranen vom Typ MK 110 PS anno 1946, der den Kapitänen der Landstraße im Nachkriegs-Deutschland ein treuer Freund und Helfer war. Und zum Beweis, daß die Entwicklung niemals stillsteht, präsentierte MAN 1992 den Prototyp eines Stadtlastwagens mit angetriebenen Vorderrädern. Zwar hat es in der Nutzfahrzeuggeschichte schon viele Versuche in dieser Richtung gegeben, doch zu einer Großserie langte es nie.

MAN vermochte zu überzeugen, daß diesem Konzept dennoch Zukunftschancen gegeben sind.

MAN ist seit jeher auf vielen Gebieten aktiv, doch dem Motorenbau kommt ein besonders hoher Stellenwert zu. So waren und sind MAN-Lizenzmotoren auch in Dutzenden von Lastwagenmodellen fremder Hersteller zu finden, von Kamione Savani Sirketi (Türkei) bis Rolloy (Australien), von Kirloskar (Indien) bis IHC, Hupp und White (USA), von Raba und Ikarus (Ungarn) bis DAC und Roman (Rumänien), von Steyr (Österreich) bis TAM (Slowenien). Mit ihren rund 120 Tochtergesellschaften (einschließlich Raumfahrt und Reaktorbau) gehört die international ausgerichtete MAN-Gruppe zu den bedeutendsten Industrieunternehmen Europas.

MAN 635 HKA als Kipper mit Hänger von 1963.

Der VW-MAN G90 ging 1980 in Serie und schuf sich bald einen guten Ruf als zuverlässiges Fahrzeug in der mittelschweren Kategorie der Verteilerfahrzeuge. Die Auswahl an Aufbauten war sehr groß.

Der 8.153 FAE der Serie L 2000 wurde 1994 als geländegängiger Allrad-Lkw vorgestellt. Aus dem niedersächsischen Büssing-Löwen ist ein bayerischer MAN-Löwe geworden …

Mercedes-Benz Typ L 6600, wie er 1950 bis 1954 gebaut wurde; anschließend trug er die Bezeichnung L 315. Sein 8,3-Liter-Dieselmotor leistet 145 PS.

MERCEDES-BENZ

Ältester Lastwagen-hersteller der Welt

Ein Benz Kleinlaster der frühen zwanziger Jahre: Ein echtes Museumsstück.

Sowohl die in Mannheim ansässige Rheinische Gasmotorenfabrik Benz & Cie., die 1885 erstmals einen Motorwagen zum Laufen brachte, als auch die Daimler Motoren Gesellschaft in Cannstatt bei Stuttgart, kurz darauf ebenfalls mit einem »Selbstbeweger« auf der Straße, beschäftigten sich von Anfang an auch mit der Nutzfahrzeugherstellung.

Ein Daimler-Lastwagen, ein großer Fünftonner, gab 1898 als erster Lkw der Automobilgeschichte sein Debüt. Er wurde auf einer

Daimler 5K3, ein Fünftonner von 1923 – einer der ersten mit Dieselmotor.

Ausstellung in Paris vorgeführt und machte auf die Franzosen - vor allem auf die noch junge, aber bereits sehr aktive französische Automobilindustrie - einen nachhaltigen Eindruck.

Die Motoren der ersten unter der Marke Daimler gebauten Lastwagen kamen nicht aus Schwaben. Sie entstanden vielmehr bei einer Gesellschaft in Berlin-Marienfelde, die von dortigen Daimler-Aktionären betrieben wurde: Die seit 1879 existierende Allgemeine Motorwagen GmbH baute in Berlin von 1897 an Daimler Lizenzmotoren. 1902 änderte sich der Status des Berliner Unternehmens, als es in die Daimler Motoren Gesellschaft, Bad Cannstatt, integriert wurde. Dem Motorenbau blieb das Werk in Berlin bis in unsere heutige Zeit treu.

Die Daimler Motoren Gesellschaft und die Rheinische Gasmotorenfabrik Benz & Cie. arbeiteten seit 1924 eng zusammen, besonders auf dem Nutzfahrzeugsektor, und fusionierten 1926 zur Daimler-Benz AG. Bis zu diesem Zeitpunkt hatten beide Unternehmen eine Fülle unterschiedlichster Nutzfahrzeuge produziert, vom kleinen Lieferwagen auf Pkw-Basis bis zum Fünftonner mit Unterflurmotor (Benz) oder Achttonner mit benzin-elekrischem Antrieb (Daimler-Marienfelde). 1923 baute Daimler erstmals auch einen Diesel-Lastwagen.

Das Werk in Berlin blieb einer der Hauptbetriebe für den Nutzfahrzeugbau, doch machte man nach der Fusion das in Mannheim beheimatete Benz-Werk zum Zentrum der Mercedes-Benz-Nutzfahrzeugfertigung. Es gab aber auch ein Werk in Gaggenau, das zum Konzern gehörte: Dies war die einstige Produktionsstätte des Fahrzeugherstellers Bergmann, ab 1905 als Süddeutsche Automobil-Fabrik (SAF) firmierend. Zunächst waren hier Automobile mit den Modellbezeichnungen Orient Express und Liliput fabriziert worden; 1907 ging der Betrieb in den Besitz der Firma Benz über. Heute entsteht in Gaggenau der Unimog.

Die ersten unter der 1926 eingeführten Markenbezeichnung Mercedes-Benz produzierten Lastwagen erschienen im Jahr darauf im Rahmen eines gänzlich neu konzipierten Programms. Es waren 1- bis 5-Tonner - eine erfolgreiche Reihe, die nach und nach um größere Fahrzeuge ergänzt wurde. Zugleich stärkte man die Position des Dieselmotors, damals meist noch »Rohölmotor« genannt. Hier hatte Benz einen Vorsprung durch den Ingenieur Prosper l'Orange, der seit 1909 für die Mannheimer Firma tätig war und den schnellaufenden Vorkammer-Dieselmotor zu hoher Reife gebracht hatte. Nach l'Oranges Patenten übernahmen später auch die Hersteller Deutz, Hanomag, Büssing, Krupp, Kaelble und vie-

Mercedes-Benz Schnellastwagen L 1 von 1929, ein 1,5-Tonner mit 58-PS-Sechszylindermotor.

1929er Mercedes-Benz Eintonner, dessen Vierzylindermotor 45 PS abgab.

le andere Firmen seine Motorkonstruktion. Für den Nutzfahrzeugbau bei Benz zeichnete Friedrich Nallinger verantwortlich.

Das Mercedes-Benz-Programm der dreißiger Jahre umfaßte ein breitgefächertes Angebot vom 1000-kg-Lieferwagen bis zum dreiachsigen 8,5-Tonner. Das Prefix für die Typenbezeichnung bei Lastwagen lautete L, bei Omnibussen LO; als Kürzel für die Dieselmotoren wählte man OM (»Oel-Motor«). Wie hoch der Stellenwert des Diesels bei Daimler-Benz schon damals war, geht aus der Tatsache hervor, daß in Mercedes-Benz-Nutzfahrzeugen ab 2 Tonnen Nutzlast ab 1935 ausschließlich Dieselmotoren zum Einbau kamen.

Kurz vor Kriegsausbruch wurde das Programm einer behördlichen Anordnung zufolge auf wenige Typen reduziert, so daß Mercedes-Benz nur mehr in den Nutzlastklassen 1,5, 3, 4,5 und 6 t vertreten war. Und ab 1944 mußte im Werk Mannheim statt des eigenen Dreitonners eine Opel-Konstruktion gebaut werden – eine ebenfalls von der Regierung auferlegte Maßnahme, die notgedrungen, den wirtschaftlichen Gegebenheiten im Nachkriegsdeutschland entsprechend, bis 1949 weitergeführt wurde.

Es war eine Zeit der Behelfslösungen und Improvisationen. Kraftstoff war noch lange nach dem Kriege streng rationiert, es gab keine Reifen und keine Ersatzteile. Auf teils vom Krieg noch stark zerstörten Straßen bewegten sich unter heftiger Rauch- und Qualmentwicklung viele Fahrzeuge mit Holzkohlen-Vergaseran-

Als der Diesel sich noch nicht durchgesetzt hatte: Mercedes-Benz L 5000 mit 100 PS starkem Bezinmotor aus dem Jahre 1929.

Spitzenrestaurierung bis ins Detail: Dieser schwere Mercedes-Benz L 6500, ein 120-PS-Lastwagen aus der Vorkriegszeit, steht geradezu wie fabrikneu da.

Links: Mercedes-Benz LO 2000 von 1932. Er war der erste leichte Diesellastwagen deutscher Produktion.

lage. Schon in den frühen vierziger Jahren hatte Mercedes-Benz eine eigene Konstruktion herausgebracht, die Kleinholz vergaste und für Personen- wie für Nutzfahrzeuge geeignet war. In der Ära permanenten Treibstoffmangels hielten die unansehnlichen, rußigen und arbeitsintensiven Holzgaser den Straßenverkehr zumindest mobil, bis sich die Verhältnisse wieder normalisierten. Mit Holzgasanlagen bestücke Lastwagen gab es von allen europäischen Herstellern; auch viele ehemalige Militärfahrzeuge wurden damit versehen. Nicht nur in Deutschland hatte der Benzinmangel die Verwendung von Alternativbrennstoffen notwendig gemacht.

Nach dem Kriege konzentrierte Daimler-Benz die Herstellung der mittleren Lastwagen auf Mannheim, während die schweren Fahrzeuge in Gaggenau gebaut wurden. Wie bereits erwähnt, entstand hier ab 1951 auch der Unimog, ein für die Landwirtschaft gedachtes Allzweckfahrzeug mit Vierradantrieb, das im Laufe der Zeit zunehmende Bedeutung erlangte und im Nutzfahrzeugbereich ebenso wie bei den Streitkräften der Bundeswehr eine konkurrenzlose Sonderstellung einnahm. Daimler-Benz hatte die Konstruktion von der Firma Böhringer übernommen; als Antriebsaggregat diente anfangs ein Vierzylinder-Dieselmotor aus dem Mercedes 170 D.

Im Sindelfinger Werk, wo vor dem Kriege vorwiegend Pkw-Karosserien hergestellt worden waren, zog Daimler-Benz ab 1956

1943 auf die Benutzung von Holzgas eingerichteter Mercedes-Benz 4,5-Tonner, Typ L 4500.

Mercedes-Benz Sattelzug aus den mittfünfziger Jahren mit einem modifizierten Fahrerhaus.

Mercedes-Benz L 4500 S mit der in den vierziger Jahren üblichen Einheitskarosserie. Das Fahrerhaus besteht aus Holz. Aus 4,6 Liter Hubraum holte der Sechszylinder-Dieselmotor 90 PS.

eine Transporterfertigung auf, die 1962 im Zuge einer notwendigen Kapazitätsausweitung ins ehemalige Auto-Union-Werk Düsseldorf verlegt wurde. Zur gleichen Zeit entstand in Wörth am Rhein ein zusätzliches Lastwagenwerk, das ab 1965 die gesamte bisher in Mannheim angesiedelte Nutzfahrzeugfertigung übernehmen sollte, während man sich dort künftig wie auch in Berlin-Marienfelde auf die Motorenherstellung konzentrierte. Wörth machte sich einen Namen als modernste Lastwagenfabrik Europas.

Die nach Kriegsende in Mannheim zunächst weitergeführte Produktion des Opel-Dreitonners (dem der Mercedes-Stern übrigens versagt blieb) bildete natürlich nur den Übergang zum Bau eines eigenen Modells dieser Größenordnung, das 1949 als L 3250 präsentiert wurde. Aus ihm ging 1950 der L 3500 hervor, der ab 1955 L 311 hieß und in der Ära des deutschen »Wirtschaftswunders« hervorragende Aufnahme fand. Bis 1961 wurde dieser Haubenlastwagen rund 54.000mal verkauft. Eine L 4500 bzw. L 312 genannte Variante mit etwas größerer Nutzlast wurde sogar in 72.000 Exemplaren gebaut. Zudem gab es einen L 321 genannten Fünftonner.

Im Werk Gaggenau stellte man vor Beginn der Unimog-Fertigung auch den mittelschweren L 5000 (1954 in L 325 umbenannt) her. Das anfänglich noch sehr spartanisch ausgestattete Fahrzeug wurde nach und nach verbessert und erhielt 1950 einen größeren Bruder in Gestalt des L 6600 (den späteren L 315). Auch diese Baureihe erwies sich als recht erfolgreich. 1956 kam als Neukonstruktion der L 326, ein 8,5-Tonner, hinzu - ein mächtiges Kaliber, das hauptsächlich ins Ausland geliefert wurde. Sein 11-Liter-Sechszylindermotor vom Typ OM 326 leistete 200 PS.

Der klassische Haubenlastwagen mit seiner Pkw-ähnlichen Kühlermaske erlebte allmählich eine Ab-

Mercedes-Benz LK 326, wie er 1956-58 auch als Müllwagen gebaut wurde.

Mercedes-Benz baute 1952 für die Sportabteilung diesen Spezial-Lkw, um Rennwagen transportieren zu können – und zwar schnell. Der Motor des heute leider nicht mehr existierenden Transporters entsprach dem seiner Fracht!

lösung durch den Frontlenker, wie ihn Daimler-Benz ab 1954 ebenfalls herstellte - eine Bauart, die sich allmählich überall in Europa durchzusetzen begann. Diese Modelle trugen bei Mercedes-Benz das Typenkürzel LP und waren in den Ausführungen 311 und 312, 323 (später 710) und 328 (später 911), 322 (später 1113) und 327 (später 1413) im Programm; letztgenanntes Modell war nur für den Export vorgesehen und wies ein Gesamtgewicht von 12 Tonnen auf. Einige dieser Fahrzeuge hatten übereinstimmende äußere Merkmale; so wies zum Beispiel der L 322 das gleiche Chassis, die gleiche Bremsanlage und das gleiche Fahrerhaus auf wie der L 328. Der in diesen Typen verwendete Diesel OM 312 gehörte zu den am meisten gebauten Nutzfahrzeugmotoren der späten fünfziger Jahre. Besondere Popularität genoß der 312 vor allem aber als Hauben-Lkw: Seine Produktion betrug rund 95.000 Exemplare.

Dann folgten Schwerlastwagen, ebenfalls in Frontlenker-Bauweise, von 12 bis 22,5 Tonnen Gesamtgewicht, angeboten als Sattelzugmaschine, Pritsche, Muldenkipper und in vielen anderen Versionen. Von 1954 bis 1963 entstanden rund 13.000 Fahrzeuge dieser Reihen. Einige von ihnen (Typ LP 333) hatten zwei gelenkte Vorderachsen. In Frontlenkerbauweise erschienen auch die in Düsseldorf hergestellten Transporter. Anfangs waren die haubenlosen Lastwagen für loyale Mercedes-Kunden gewöhnungsbedürftig, doch durch eine SL-förmige Kühlergrill-Gestaltung und eine Panorama-Frontscheibe sahen diese Fahrzeuge sehr attraktiv aus, und ihre Vorteile - vor allem im innerstädtischen und im Kommunalbetrieb - wog jegliche Skepsis auf.

Mercedes-Benz L 325 aus den Jahren 1954-57.

Mercedes-Benz 311 aus dem Jahr 1957. Er war der Nachfolger des L 3500 und in den fünfziger Jahren sehr weit verbreitet.

Mercedes-Benz L 6600 von 1953, bis 1972 ununterbrochen in Betrieb. Vier Jahre benötigte sein neuer Besitzer, um den Veteranen zu restaurieren.

Einen Superlativ-Sattelschlepper stellte der LPS 333 aus Gaggenauer Fertigung dar. Er war für 32 t Gesamtgewicht ausgelegt. Er kam 1959 heraus, war in Deutschland aber nur bis zum Juli 1960 zugelassen; von da an durfte auf bundesdeutschen Straßen nur mit maximal 24 Tonnen gefahren werden. Ausgestattet war der Frontlenker mit dem 200 PS starken OM 326.1, einer der bewährten Vorkammer-Sechszylinder (11 Liter Hubraum) mit Ölwärmetauscher und Sechsganggetriebe.

Obwohl der Frontlenker sich überall durchzusetzen begann, kennzeichneten leichte und mittelschwere Kurzhauber noch viele Jahre das Mercedes-Benz-Nutzfahrzeugprogramm. Die Nomenklatur, wie sie ab 1963 verwendet wurde, schien etwas kompliziert, doch ließ sich aus der neuen Typenbezeichnung nun das zulässige Gesamtgewicht erkennen, das darin verschlüsselt enthalten war. Bei den Kurzhaubern gab es eine große Auswahl an Modellen, vom 7,4-Tonner bis zum 18-Tonner, angetrieben von Dieselmotoren von 4,6 bis 5,7 Liter Hubraum. Ab 1966 wiesen einige der großen Motoren Abgasturbolader auf (OM 352 A); die schwereren Modelle hatten einen 8,8-Liter-Direkteinspritzer. Kurzhauber waren auch die ab 1958 fabrizierten Schwerlastwagen bis 26 Tonnen Gesamtgewicht mit 11- und 12-Liter-Direkteinspritzmotoren.

Mit einer völlig neuen Lkw-Generation, jetzt durchwegs in Frontlenkerbauweise, überraschte Mercedes-Benz zum Jahresanfang 1965. Es waren die leichten Lastwagen der LP-Serie, die bis in unsere Zeit hinein die

Mercedes-Benz L 312 Tankwagen von Esso. Dieses Modell wurde von 1956 bis 1961 gebaut.

Den Mercedes-Benz L 3500/311 gab es 1950 bis 1961 in den unterschiedlichsten Ausführungen. Der Vorkammer-Diesel OM 321 leistete 90 PS, der Hubraum des Sechszylinders betrug 4,6 Liter.

Nutzfahrzeugszene der Klasse von 6 bis 11 Tonnen (Nutzlast bis 7,5 t) beherrschen. Die in großen Stückzahlen gebauten Fahrzeuge vermochten sich einen Marktanteil von mehr als zwei Dritteln zu erobern. Eine konstruktive Verwandtschaft zu den mittleren und schweren Frontlenkern mit unter dem Boden installierten Motoren, ebenfalls ab 1965 angeboten, ist unverkennbar. Die Herstellung dieser Fahrzeuge erfolgte bereits im neuen Werk Wörth.

Mit Übernahme der Hanomag-Henschel-Produktion ergab sich 1972 für Daimler-Benz eine Ergänzung des Angebots auf dem Sektor der leichten Nutz- und der Baustellenfahrzeuge. Schon 1968 hatten die Stuttgarter sich bei den Rheinischen Stahlwerken (Rheinstahl) eingekauft und durch Übernahme deren Fabriken in Bremen, Kassel und Hamburg-Harburg (einst Tempo) Produktionskapazität gewonnen. Doch die Hanomag-Henschel-Fertigung hatte man weiterlaufen lassen. Erst Ende 1973 gehörten diese Betriebe dann offiziell zu Daimler-Benz. Das »Wettrüsten der Großen« hatte begonnen: MAN war um die gleiche Zeit um die Büssing-Marktanteile gewachsen …

In den späten sechziger Jahren waren es die Typen L 911 B und L 1113 B, die im Nutzfahrzeugbereich neue Akzente setzten. Der Sechszylinder-Dieselmotor leistete nun 130 PS; wahlweise gab es auch einen Motor mit 168 PS; das war der mit Abgas-Turbolader bestückte OM 352 A.

Drei neue Kurzhauber brachte Daimler-Benz 1969 heraus: Den hauptsächlich für den Export gedachten L 1813 mit zwei Hinterachsen (wovon aber nur eine angetrieben war); die Leistung des Antriebsaggregats gab das Werk mit 170 PS an. Die anderen beiden Kurzhauber – wahlweise mit Allradantrieb – waren der L 1513 und der L 1517, für die sich vorzugsweise für die Bauwirtschaft interessierte. Neu an diesen Fahrzeugen war unteren anderem ein schmaler Kühlergrill, der nun nicht mehr die Scheinwerfer einbezog. Die Fahrzeuge kamen ausgezeichnet an und sicherten sich langfristige Plätze im Daimler-Benz-Programm.

Mercedes-Benz Kurzhauber L 337 von 1959.

1973 präsentierte sich abermals eine neue Generation von mittleren und schweren Lastwagen unter dem Mercedes-Stern. Ein sehr umfangreiches Programm von 10 bis 26 Tonnen Gesamtgewicht, mit luftgefederten Hinterachsen, hydraulisch kippbaren Fahrerhäusern und mit Motoren in V6-, V8- und V10-Bauweise (Leistungen bis 320 PS) wurde allen Ansprüchen gerecht. Ergänzt wurde das Programm 1980 um die »Neue Generation 80« mit noch größeren Einheiten bis zu 33 Tonnen Gesamtgewicht. Ihre Motoren haben bis zu 18 Liter Hubraum und mehr als 400 PS. Ein Superlativ-Lkw aus Wörth blieb bislang ein in acht Exemplaren hergestellter 40-Tonner mit 500 PS und Allradantrieb (8x8), gebaut für schwere Arbeit auf Ölfeldern in Asien. Es dürfte kaum eine Region dieser Welt geben, in der Mercedes-Benz-Lastwagen nicht schon ihre Reifenspuren hinterlassen haben ...

Mercedes-Benz Frontlenker vom Typ LP 315 von 1957 bei einer Verkehrskontrolle in der Nähe des Grenzübergangs zu Österreich im Sommer 1967.

Unimog Typ 416 mit Hubwagen, Baujahr 1965. Der in Gaggenau gebaute Unimog mit Allradantrieb war und ist ein Universalfahrzeug mit breitestem Einsatzbereich.

Flaggschiff der Mercedes-Benz Lkw-Fernlaster 1985: Der Typ 1644 mit 435 PS – und aerodynamischem Spoiler auf dem Kabinendach.

Zwei Mercedes-Benz Fernlastzüge in Australien vom Typ LPS 2223 6x4, gebaut in den Jahren 1967 bis 1974.

Opel Blitz Dreitonner von 1951 als Abschleppfahrzeug.

OPEL

OPEL BLITZ

Blitzlichter des Erfolges

Opel Pritschenwagen mit offenem Fahrerhaus: ein auf Vollgummireifen rollender Vierzylinder von 1908/09.

Die Geschichte der Opel-Nutzfahrzeuge ist beinahe so alt wie die der in Rüsselsheim gebauten Personenwagen. So meldete die Rüsselsheimer Lokalzeitung *Main-Spitze* bereits am 2. Juli 1899, daß »der hiesige Adam Opel für ein Weingeschäft einen Coloss von einem Motorfrachtwagen« angefertigt habe.

Bei dem »Coloss« handelte es sich um eines jener Fahrzeuge, die der 1898 von Dessau nach Rüsselsheim übersiedelte Friedrich Lutzmann im Opel-Auftrag baute. Die Kraft des liegenden Einzylindermotors von bestenfalls fünf PS übertrug ein Treibriemen auf die Hinterachse des Wagens.

Mit dem Lutzmann-Motorwagen hatte das traditionsreiche Industrieunternehmen Opel, 1862 als Nähmaschinen-Manufaktur gegründet, im Frühjahr 1899 den Einstieg ins Automobilgeschäft gewagt. Die Produktion von Nähmaschinen und seit 1886 auch Fahrrädern gab die Familie Opel damit aber keineswegs auf; die Herstellung von Motorwagen in kleinen Stückzahlen war

Opel 2,5-Tonner von 1931. Er war der erste »Blitz«; sein Sechszylindermtor hatte 3,5 Liter Hubraum und 64 PS Leistung.

Opel Militär-Lastwagen 1915 vom sogenannten Subventionstyp. Das Fahrzeug war in den siebziger Jahren in Frankreich wiederentdeckt worden.

1937 in Werk Brandenburg gebauter Opel Blitz Eintonner mit Plane und Spriegel.

Opel Blitz 1,5 t von 1951.

Von 1952 bis 1960 fand dieser Opel Blitz 1,75 t weite Verbreitung. Der Sechszylinder-Benzinmotor leistete 58 PS.

zunächst nichts weiter als der bescheidene Versuch einer Diversifikation.

Der Opel-Lutzmann-Lastwagen blieb für längere Zeit der einzige Rüsselsheimer Lkw; alle anderen dort hergestellten Automobile waren Personenwagen. Erst 1907, so ist dokumentiert, entstanden weitere »Lastwagen und Lieferwagen zur Beförderung mittelschwerer Lasten«, wie ein zeitgenössischer Werbeprospekt ankündigte. Die Fahrzeuge versah man entweder mit Zweizylindermotoren von 8/14 PS Leistung oder mit Vierzylindern von 14/20 PS. Die erste Zahl gab damals die Steuer-PS (fiskalische Grundlage nach einer Einheitsformel), die zweite Zahl die effektive Leistung des Motors an. Opel offerierte diese Fahrzeuge als Lastwagen, Omnibusse und Feuerlöschwagen. Die Tragfähigkeit (Nutzlast) bezifferte man mit 500 bis 1000 kg; die Preise für einen Pritschenwagen rangierten von 5750 bis 10500 Mark. Sie verstanden sich »einschließlich aller notwendigen Gegenstände, aber

Ein weiterer 1,75 t Blitz Pritschenwagen. Dieses 1952 eingeführte Modell läßt amerikanische Stylingeinflüsse erkennen.

Opel 1,75 t Kastenwagen von 1953.

ohne Reklameaufschrift«. Der Aufpreis für einen Hotel-Omnibus, zwölfsitzig, betrug 3500 Mark, für einen Luxus-Geschäftswagen 1200 Mark.

Von Friedrich Lutzmann hatte sich die Firma Opel inzwischen getrennt; auch die von 1902 bis 1906 währende Verbindung mit dem französischen Automobilhersteller Darracq & Cie. blieb ohne nachhaltigen Einfluß auf künftige Opel-Konstruktionen. Der Opel-Darracq genoß zwar eine gewisse Popularität, doch längst hatte man eigene Fahrzeuge und die Motoren dazu entwickelt; aus dem anfänglichen Experimentieren war ein Geschäftszweig geworden, der die Nähmaschinen- und Fahrradproduktion an Bedeutung überflügelt hatte. Die letzte Opel-Nähmaschine verließ 1911 das Werk; die Fahrradfertigung behielt man bis 1937 bei.

Verhältnismäßig schwere Lastwagen brachte Opel 1909 auf den Markt; ihre Ladekapazität betrug 3 bis 4 Tonnen. Sie gehörten zu der Kategorie der sogenannten Subventions-Lastwagen. Ihren Bau hatten die kaiserlichen Militärbehörden angeregt, denen an einer Vereinheitlichung bestimmter Nutzfahrzeugklassen lag. Für den Bau solcher 3- bzw. 4-Tonner erhielt sowohl der Hersteller als auch der private Käufer vom Fiskus einen Zuschuß, womit jedoch die Auflage verbunden war, den Lkw für Militärmanöver oder den Fall der Mobilmachung dem Kriegsministerium – »leihweise«, wie es hieß – zu überlassen. Opel stellte eine für damalige Verhältnisse große Zahl dieser Subventions-Lastwagen her: 1913 wurden monatlich zehn Stück gebaut, 1914 etwa zwanzig. Bedingung war, daß alle Verschleißteile auch gegen die anderer Subventions-Lastwagenhersteller (zum Beispiel Benz, Nacke, Dixi, Daimler, Protos) austauschbar waren, daß Schrauben und Muttern identische Gewinde aufwiesen, daß die Getriebeschaltungen ein einheitliches Schema hatten.

Ein Teil dieser Fahrzeuge wurde exportiert. Auch gab es motorsportliche Wettbewerbe, an denen sich Opel-Subventions-Lastwagen erfolgreich beteiligten; hier ging es um Zuverlässigkeit und möglichst niedrigen Kraftstoffverbrauch.

Der typische Subventions- oder auch Regel-Lastwagen hatte Kettenantrieb sowie einen Vierzylindermotor von 5 Liter Hubraum und 45 PS Leistung. Der 20 km/h schnelle Opel-Pritschenwagen kostete als Dreitonner brutto 13.300 Goldmark. Eine Plane für das Frachtgut mit einem kombinierten Klappverdeck, das den Chauffeur und seinen Beifahrer vor Wind und Wetter schützte, schlug mit 850 Mark Aufpreis zu Buche. Als der Erste Weltkrieg über Europa hereinbrach, wurden hunderte dieser Opel-Lastwagen wie vorgesehen requiriert. Die Zahl reichte der preußischen Heeresverwaltung aber keineswegs; in Rüsselsheim lief die Produktion daher auf Hochtouren. Der vom Militär georderte Subventions-Lkw war 1914 bis 1918 der meistgebaute Lastwagen in Deutschland – Opel stellte von ihm etwa 3500 Stück her und lag damit an der Spitze der Branche.

Opel 1,9 t Pritschen-Lastwagen, wie er von 1959 bis 1965 verkauft wurde.

Den Regel-Lastwagen gab es in ziviler Ausführung noch bis 1924; seine Konstruktion hatte sich in den Kriegsjahren als sehr robust und wirtschaftlich erwiesen.

In den zwanziger Jahren waren in zunehmendem Maße auch kleinere Lastwagen gefragt. Opel entsprach dieser Nachfrage durch einen »Lieferungswagen« auf der Basis der Personenwagenmodelle 4/14 und 4/16 PS. 1926 kam ein kräftiger Eintonner hinzu, der parallel zum 10/40 PS Personenwagen (2,6 Liter, 45 PS) hergestellt wurde. Mit einem Radstand von 3,35 m gab es dieses Fahrzeug als Kasten- oder Pritschenwagen, Ambulanzfahrzeug und sogar als Kleinbus. Der Nutzfahrzeugbau genoß in Rüsselsheim einen zunehmenden Stellenwert; mit 1186 Einheiten machte er 1925 an die 8 Prozent der Gesamtproduktion aus. 1926 waren es 16 Prozent (1730 Einheiten), 1927 etwa 14,5 Prozent (4916 Einheiten), 1929 sogar fast 20 Prozent (7148 Einheiten).

Als General Motors 1929 die Aktienmehrheit des Opel-Familienbetriebes übernahm, beschloß man die Herstellung eines völlig neuen Nutzfahrzeugtyps. Er sollte nicht mehr die Ableitung vom Pkw darstellen, sondern auf einer eigenen Konstruktion basieren. Durch ein Preisausschreiben ermittelte man den Namen »Blitz«, der fortan bei allen Lastwagen-Generationen als einprägsame Modellbezeichnung Verwendung finden sollte.

Als ersten dieser neuen Schnell-Lastwagen stellte Opel 1931 einen 2,5-Tonner vor. Sein Sechszylindermotor hatte 3,5 Liter Hubraum und eine Leistung von 61 PS. Einen kleinen 1,5-Tonner mit Vierzylindermotor, noch immer auf der Grundlage des 10/40 PS, gab es weiterhin; dieses Modell wurde erst 1934 durch einen Eintonner mit einem 2 Liter großen Sechszylinder abgelöst. Auch diese Baureihe lief unter der Bezeichnung Opel Blitz und wurde bis 1939 im Programm behalten.

Mit seiner stetig zunehmenden Nutzfahrzeugproduktion hatte Opel 1935 bei den Fahrzeugen bis 3 Tonnen Nutzlast in Deutschland einen

Marktanteil von 36,5 Prozent erreicht. Die Kapazitäten in Rüsselsheim waren voll ausgelastet. Da die Personenwagenfertigung ebenfalls einen gewaltigen Aufschwung zu verzeichnen hatte, gab es nur eine Lösung, um die Expansion zu bewältigen: Es mußte ein Zweigwerk errichtet werden. Es entstand in Brandenburg an der Havel.

In nur 190 Arbeitstagen wurde in Brandenburg Europas modernste Lastwagenfabrik errichtet; am 16. November 1935 nahm sie ihre Produktion auf. Der Opel Blitz hatte eine neue Heimat bekommen.

1937 war man bei einer Tagesfertigung von 150 Lastwagen; zweitausend Mann produzierten sie in drei Schichten. Im gleichen Jahr schuf man für den Blitz einen neuen ohv-Motor von 3,6 Liter, der 75 PS leistete. Auch entstand eine Allradversion, Typ A genannt. Der Opel-Vierradantrieb wurde zur Norm im deutschen Lkw-Bau - nicht allein wegen seiner überzeugenden Technik, sondern per Regierungsverordnung, die gegen Ende der dreißiger Jahre der deutschen Kraftfahrzeugindustrie eine Reihe von Typnormen und Bauvorschriften auferlegte. Auch Daimler-Benz, so wurde 1944 amtlich verfügt, mußte den Opel 3-Tonner produzieren.

Den Opel 3- und 3,5-Tonner gab es mit den unterschiedlichsten Aufbauten und für tausendundeinen Verwendungszweck. Als Dreiachs-Omnibus und als Tankfahrzeug sah man den Blitz, ebenso als Baustellenfahrzeug, Fernlaster, Feuerwehrwagen, Getränketransporter, kommunales Servicefahrzeug oder als ambulante Feldklinik.

Von Ende 1939 bis 1945 wurde im Brandenburger Werk ausschließlich für den militärischen Bedarf produziert. Der Plan, Lastwagen anschließend für den zivilen Bedarf herzustellen, ließ sich indes nicht realisieren: Als die sowjetischen Besatzungskräfte einzogen, wurde das Opel-Werk komplett demontiert. Der Blitz war heimatlos geworden.

Schon kurze Zeit später nahm man jedoch in Rüsselsheim - in der amerikanischen Besatzungszone gelegen und dadurch wieder im Einflußbereich der Muttergesellschaft General Motors - die Kraftfahrzeugproduktion wieder auf. Das Werk am Main hatte zwar unter Kriegseinwirkungen erheblich gelitten, doch bereits im Juli 1946 konnte hier der erste Nachkriegs-Lkw vom Band rollen. Noch im gleichen Jahr wurden 840 Lastwagen gebaut; 1947 waren es bereits 3219. Neben dem zunächst einzigen Pkw-Modell, dem Olympia, war der Opel Blitz der wichtigste Umsatzträger. Den nach Vorkriegsbaumuster hergestellten Dreitonner baute man in Rüsselsheim noch bis zum Sommer 1954, und auch mehrere tausend Mercedes-Benz vom Typ L 701 waren mit diesen Opel-Lastwagen identisch. Die einst behördlich verordnete Zusammenarbeit zwischen den Unternehmen an Main und Neckar funktionierte ganz ausgezeichnet.

Der neue Blitz hatte den 2,5-Liter-Sechszylinder des Opel Kapitän unter der Haube. Vergleichsweise war übrigens der Opel Admiral von 1937 mit dem Motor des damaligen Blitz-Lastwagens bestückt worden - eine Kombination, die sich durchaus bewährte. Die Nutzlast des jüngsten Blitz betrug 1,5 Tonnen. Eine überarbeitete Version mit 1,75 Tonnen Nutzlast kam 1952 heraus - ein Klassiker unter den Nutzfahrzeugen, der mit rund 100.000 Einheiten eine hohe Auflage erlebte, bis er 1959 ein moderneres, großzügig verglastes Fahrerhaus bekam. Dieser Opel mit seiner neuen Frontpartie wurde von Insidern »Kurzschnauzer« genannt. 1960 bis 1965 gab es einen 1,9-Tonner als Nachfolger dieses Modells, und ab 1966 bot Opel den Blitz sogar für Nutzlasten bis 2,4 Tonnen an.

Neben dem 2,5 Liter führte Opel ab 1972 einen 1,9 Liter Benzin-Vierzylinder im Programm; bereits 1969 erhielt man aber auch einen 2,1 Liter Diesel. Dieser Motor kam von Peugeot und war ein bewährtes Vielzweckaggregat, in Frankreich unter der Bezeichnung Indenor bekannt. Der Wirbelkammer-Viertakter hatte eine Leistung von 60 PS; seine Einspritzanlage lieferte Bosch.

Um sämtliche verfügbaren Betriebskapazitäten für die Personenwagenproduktion nutzen zu können, stellte man bei Opel 1975 die Blitz-Fertigung ein. Nicht aber den Vertrieb von Nutzfahrzeugen: Die nachfolgend als Bedford-Blitz bezeichneten Lastwagen kamen vom GM-Werk Bedford in England und waren in ihrer Konzeption typische Briten, wenngleich sie das Opel-Blitz-Logo am Kühler trugen. Den Bedford-Blitz, von dem in den achtziger Jahren nur mehr geringe Stückzahlen in Deutschland abgesetzt wurden, gab es bis 1987. Im letzten Produktionsjahr waren es nicht mehr als 36 Fahrzeuge, mit denen das Nutzfahrzeug-Kapitel bei Opel seinen Abschluß fand. Das stilisierte Blitz-Signet indessen war längst zum Markenzeichen für sämtliche Personenwagen der Marke Opel avanciert.

Opel Blitz 1,9 t Pritschenwagen von 1964, ein Kurzhauber mit dem 2,6-Liter-Benzinmotor des Opel Kapitän. Dieses Modell war 1959 eingeführt worden.

Garant von ca. 1955 von Robur, Nachfolger des Phänomen Granit.

PHÄNOMEN

Vom Dreiradlieferwagen zum Robur Dreitonner

Die Phänomen-Werke in Zittau, Sachsen, brachten als erstes Lastenfahrzeug im Jahre 1907 ein solches Dreirad auf den Markt. Es wurde 20 Jahre lang hergestellt.

Die Wurzeln der Phänomen Werke gehen auf die in den achtziger Jahren des vorigen Jahrhunderts gegründete Fahrradmanufaktur Müller & Preussger in Zittau, Sachsen, zurück. Einer der Teilhaber dieser Firma war Gustav Hiller (1863-1917), Erbe einer am gleichen Ort ansässsigen und sehr erfolgreichen Textilmaschinenfabrik. Für die Fahrradfirma traf er 1891 eine Lizenzvereinbarung mit Rover in England, damals eine der führenden Fahrradfabriken in Europa. 1898 wurde Hiller Generaldirektor des Betriebes und benannte ihn in »Phänomen Fahrradfabrik Gustav Hiller GmbH« um.

Im Jahre 1900 begannen die Phänomen-Werke mit der Herstellung von Motorrädern. Angeregt von den Motordreirädern Coronamobil und Brennaborette, beschloß der expansionsfreudige Unternehmer Hiller, auch die Fabrikation größerer Fahrzeuge ins Programm zu nehmen und tat sich zu diesem Zweck 1907 mit dem Konstrukteur eines Fahrzeuges zusammen, der für die Cyklon-Werke in Berlin die Cyklonette entwickelt hatte. Phänomen übernahm für die Herstellung eines Motordreirades die gleiche Konstruktion, ein leichtes Vehikel mit einem angetriebenen Einzelrad vorn. Der Entwurf dieses Fahrzeugs, das man mit Ein- oder Zweizylindermotor erhalten konnte, stammte von dem Ingenieur Franz Hüttel, der mit seinem Auftraggeber Cyklon prompt Ärger bekam, als er exakt die gleiche Konstruktion an Hiller verkaufte. Es kam sogar zu einem Prozeß, in dessen Verlauf die Firma Phänomen verurteilt wurde, an Cyklon Lizenzgebühren zu entrichten.

Phänomen Lieferfahrzeug für die Deutsche Reichspost, 1931. Das Fahrzeug wies einen luftgekühlten Motor auf.

Der »preßluftgekühlte« Motor bewährte sich in Phänomen-Fahrzeugen vom Typ Granit auch beim Militär, wie dieses Inserat aus den vierziger Jahren aussagt.

Der Nachfolger des Phänomen Granit der dreißiger Jahre war dieser ab 1950 in DDR-Regie gebaute leichte Lastwagen mit der gleichen Bezeichnung. Zusätzlich trug er, wie alle DDR-Motorfahrzeuge, die IFA-Plakette am Bug.

Der in Zittau hergestellte Dreiradwagen wurde unter dem Namen Phänomobil durch die Neue Kraftfahrzeug-Gesellschaft AG vertrieben, eine Firma, die Franz Hüttel im Auftrage Phänomens gegründet hatte und deren Majorität ebenfalls bei Phänomen lag. Anfangs gedachte Hüttel beide Fabrikate, Cyklon und Phänomen, zu vertreiben, wofür Hiller aber nicht das geringste Verständnis aufzubringen vermochte …

Es gab das Phänomobil als Personen- sowie als leichten Lieferwagen. Der erste vierrädrige Phänomen - und damit ein Automobil im konventionellen Sinne - erschien im Jahre 1910.

Als Gustav Hiller im Jahre 1917 starb, wurde die Firma in eine Aktiengesellschaft umgewandelt. Hillers Witwe Berta, geborene Freund, übernahm die Majorität der Anteile; die Geschäftsführung übertrug sie ihren Brüdern Josef und Emil.

Unter der Leitung von Gustav Hillers Sohn Rudolf (1894-1972), jetzt Technischer Direktor bei Phänomen, entstanden neue Fahrzeuge mit ausgezeichneten 2,5- und 3-Liter-Vierzylindermotoren in ohc-Bauweise. Die damit bestückten Tourenwagen, gebaut von 1920 bis 1927, hatten nur einen Nachteil: Sie waren vergleichsweise teuer und daher schwer verkäuflich.

So gab man 1927 das Personenwagengeschäft auf (zwei Jahre vor dem Konkurrenten Cyklon) und konzentrierte sich künftig auf die Herstellung von Nutzfahrzeugen. Es waren leichte, von Alfred Haesner konstruierte Lieferwagen von 0,75 bis 1,5 t Nutzlast. Als 4 RL 6/16 HP bezeichnet, hatten die Fahrzeuge einen luftgekühlten Vierzylinder (Radialgebläse) von 1550 ccm unter der Fronthaube. In größerer Stückzahl verkaufte Phänomen diese Fahrzeuge an die Reichspost.

Vom Zeichenbrett Alfred Haesners kam auch der Entwurf des Phänomen Granit 25, den es in diversen Ausführungen gab. 1931 vorgestellt, hatte der Typ 25 einen ebenfalls luftgekühlten Vierzylinder, mit 2,5 Li-

Robur/IFA Garant Typ 30K mit 60 PS starkem Vierzylinder-Ottomotor von 1956. Es gab auch eine Dieselversion mit 52 PS.

IFA W50 aus Ludwigsfelde, Baujahr 1967.

ter Hubraum jedoch 40 PS stark; die Kühlluftdosierung war thermostatgeregelt. Der Wagen blieb bis 1938 im Programm.

1933 ernannte man Rudolf Hiller zum Vorstandsvorsitzenden. In seiner Regie operierte das Unternehmen weiterhin sehr erfolgreich, so daß eine Vergrößerung der Betriebsanlagen notwendig wurde.

Ein Zweitonner mit luftgekühltem 3-Liter-Vierzylinder folgte als Typ Granit 30 im Jahre 1936. Im gleichen Jahr erwarb Phänomen von Demag die Fabrikationsrechte an deren Halbkettenfahrzeug D-7 fürs Militär, was eine erneute Expansion bedingte. Hiller gründete 1937 als Tochtergesellschaft deshalb die Mechanischen Werke Cottbus AG.

Längst liefen in Zittau auch Versuche mit Dieselmotoren, aber es dauerte bis 1939, ehe ein – ebenfalls wieder luftgekühlter – 60-PS-Diesel in einem Lastwagen vorführreif war. Doch das Projekt verlor sich in der Flut von Aufträgen für Militärfahrzeuge, die Phänomen jetzt erhielt. Vorrang hatte der Granit mit einem 50 PS starken 2,7-Liter-Motor, der in großer Zahl sowohl als Lastwagen

Robur Pritschenwagen, wie auf der Leipziger Messe von 1968 präsentiert. Noch immer waren die Benzin- und Dieselmotoren zu diesem Modell luftgekühlt.

– Granit 1500 genannt – als auch in Form eines Truppentransporters an die Wehrmacht geliefert wurde. Während der Kriegsjahre waren es dann vor allem Demag-Halbkettenfahrzeuge, die man in Zittau herstellte.

Im Unterschied zu den meisten Betrieben der Branche erlitten die Phänomen-Werke keine großen Bombenschäden und konnten bereits 1945 wieder Lastwagen-Ersatzteile liefern. Auch fungierte die Firma in Zittau als Reparaturbetrieb für russische Militärfahrzeuge. 1946 erklärte man das Werk zu einem »volkseigenen« Betrieb, worauf er nun VEB IFA-Werk Phänomen hieß (IFA stand für »Industrieverwaltung Fahrzeugbau«), was aber die sowjetischen Besatzungsbehörden nicht daran hinderte, das Werk weitgehend zu demontieren und den gesamten Maschinenpark als Reparationsleistung abzutransportieren.

Erst im Januar 1950 waren in Zittau die Arbeiten an der Wiedererrichtung des Werkes so weit gediehen, daß an die erneute Aufnahme des Fahrzeugbaus zu denken war. Zunächst feierte der Phänomen 1500 Militärlastwagen seine Wiederauferstehung: Er hieß Granit 27, aus dem 1953 der K 30 wurde. Der Zweitonner wurde von einem 60-PS-Motor angetrieben.

Ab 1957 firmierte das Werk unter neuem Namen und hieß nun VEB Robur-Werke Zittau, und aus der Typenbezeichnung Granit wurde Garant, den man mit Diesel- und auch mit Benzinmotor anbot. 1961 wurden diese Fahrzeuge durch einen neuen Frontlenker LO/D 2500 abgelöst, ausgelegt für 2,5 t Nutzlast und ebenfalls wieder in Benzin- oder Dieselausführung – beide je 70 PS leistend – zu bekommen. Es gab auch eine Allradversion, fast ausschließlich ans Militär geliefert, und ab 1973 gab es einen Robur LO 3000 als Dreitonner. Zunehmend bestückte man diese Fahrzeuge jetzt mit Dieselmotoren.

Von einer erfolgreichen Position in der Nutzfahrzeugbranche konnte längst keine Rede mehr sein. DDR-Bürokratie verhinderte technische Weiterentwicklungen, zu denen es durchaus Ansätze gab, wie Ende 1988, als ein neuer Direkteinspritzer produktionsreif war. Doch das Erbe des einst recht erfolgreichen Phänomen blieb ungenutzt. Der Robur Frontlenker mit luftgekühltem Motor, noch bis 1991 in immer geringerer Stückzahl gebaut, gehörte zwar viele Jahre zum Straßenbild Ostdeutschlands und der Comecon-Länder, blieb aber westlich der DDR-Grenzen so gut wie unbekannt. Auch der letzte Versuch, den Robur (nach der »Wende«) mit einem 72 PS starken Deutz-Diesel auszustatten und damit für westliche Märkte attraktiv zu machen, schlug fehl.

Viertonner Horch alias Sachsenring S 4000, kurz nach der Wende 1989 noch mit altem DDR-Kennzeichen aufgenommen.

HORCH, SACHSENRING & CO.

Laster aus Zwickau

Horch Lastwagen aus dem Jahre 1912 vom Typ 13/35 PS.

Horch 9/18 PS Auslieferungswagen von 1913.

Ihren ersten Lastwagen präsentierte die 1899 in Köln gegründete Automobilfirma Horch im Jahre 1910. Inzwischen war August Horch nach Zwickau in Sachsen ungezogen und hatte bereits einen hervorragenden Namen für die von ihm konstruierten sportlichen Reise- und Tourenwagen. Die ersten Horch-Nutzfahrzeuge basierten auf dem Personenwagentyp 10/30 PS und hatten einen Vierzylindermotor von 2,6 Liter Hubraum unter der Haube. Einige Exemplare wurden als Omnibusse sowie als Ambulanzfahrzeuge karossiert.

Der Firmengründer August Horch gehörte damals allerdings nicht mehr dem Vorstand des Unternehmens an, das seinen Namen trug. Er hatte es 1909 verlassen und eine andere Automobilfirma gegründet: Audi.

Es hatte Auseinandersetzungen mit den Herren im Aufsichtsrat gegeben, in deren Folge August Horch es vorzog, dem Unternehmen den Rücken zu kehren und einen Neustart zu wagen. Sein allzu starkes Engagement

IFA-Horch H3A Baujahr 1950.

für den Motorsport war ihm zum Verhängnis geworden - wäre er nicht gegangen, hätte man ihn wohl mit allen juristischen Mitteln entmachtet. Horch hätte sich nach der Vorstelllung seines Aufsichtsrats besser für den Bau von Lastwagen statt für den Bau exklusiver Sportwagen engagieren sollen.

Audi machte sich zwar ebenfalls einen Namen für sportliche Fahrzeuge, jedoch forcierte August Horch alsbald beide Richtungen und nahm klugerweise auch Lastwagen ins Bauprogramm auf. Wobei die politischen Ereignisse die Weichen stellen halfen: Nutzfahrzeuge in größeren Stückzahlen hätte es ohne den Krieg 1914-18 weder von Horch noch von Audi wohl nicht gegeben. Viele Hersteller in Deutschland wie auch in den Nachbarländern sahen sich 1914 nämlich unversehens als Auftragnehmer ihrer Kriegsminsterien, und selbst den überzeugtesten Pazifisten blieb gar keine andere Wahl, als den militärischen Anordnungen Folge zu leisten. In vielen Fällen wurden hohe Offiziere zu den Werken geschickt, um darüber zu wachen, daß Qualitätsarbeit und Patriotismus auf den gewünschten Nenner kamen. »Aufsichtsbeamte« nannte man die Uniformträger, denen die Industrie Respekt entgegenzubringen hatte, und viele von ihnen übernahmen später - in Zivil - hohe Positionen in den ihnen unterstellten Firmen.

Immerhin: der erste Lkw unter der Marke Audi, so ist überliefert, gab bereits Anfang 1911 sein Debüt. Einen 2,6-Liter- und einen 3,6-Liter-Lastwagen mit 1 bzw. 1,5 t Nutzlast brachte die wie ihr Konkurrent Audi in Zwickau ansässige Firma Horch aber erst zwei Jahre später, nämlich 1913, auf den Markt; zeitgleich erschien ein Dreitonner als Heereslastwagen. Größere Kaliber folgten nach, auch in der sogenannten Subventions- oder auch Regelkategorie, deren Herstellung das preußische Kriegsministerium unter der Maßgabe subventionierte, daß die Besitzer ihre Fahrzeuge im Manöver- und erst recht im Kriegsfalle dem Militär zur Verfügung zu stellen hatten. Was 1914 prompt eintrat. Auf die Entsendung eines Aufsichtsbeamten des Kriegsministeriums verzichtete man im Falle Horch; es blieb bei gelegentlichen Inspektionen.

Die mit 4,7- und 6,5-Liter-Vierzylindermotoren bestücktem Horch-Lastwagen erwiesen sich im militärischen Einsatz als äußerst robust und zuverlässig, deshalb setzte

IFA H3A von 1956/57.

S 4000 Sachsenring von 1960.

man ihren Bau in den zwanziger Jahren für den Zivilmarkt fort. Den 42 PS starken Typ KL mit einem Radstand von 4300 mm sowie den in den späteren zwanziger Jahren gefertigten 18/50 PS sah man mit den unterschiedlichsten Aufbauten. Der Zeit entsprechend, hatten diese Lastwagen Vollgummireifen, Azetylengas-Scheinwerfer und keinen elektrischen Anlasser: Man startete die Motoren mit der Handkurbel. Die Fahrerhäuser glichen einfachen Holzhütten, deren Türscheiben sich mittels eines Lederriemens - wie auch im Eisenbahnabteil III. Klasse üblich - öffnen oder schließen ließen. Mechanische Gestängebremsen waren selbstverständlich, irgendwelche Servohilfen kannte man ebensowenig wie Heizung oder andere Komfortattribute.

Ab 1927 standen luxuriöse Acht- und später sogar Zwölfzylinder-Personenwagen für die prominente Marke Horch, die ab 1932 zur sächsischen Auto Union kam, in diesem Verbund jedoch keine Nutzfahrzeuge mehr anbot. Um so vielfältiger war später die Produktpalette fürs Militär; sie bestand aus unterschiedlich aufgebauten Spezialfahrzeugen mit V8-Motor und Allradantrieb. Sechsrad-Geländewagen mit 4,5-Liter-Reihenachtzylinder für die Reichswehr hatte man bei Horch bereits Anfang der dreißiger Jahre hergestellt. Als Lastwagen im herkömmlichen Sinne waren diese Spezial-Geländefahrzeuge eigentlich nicht zu bezeichnen.

Mit dem Beitritt zur Auto Union stellten sowohl Horch als auch Audi ihre bis dahin stark rückläufige Lkw-Fertigung endgültig ein. Ein Revival gab es insoweit, als 1940-42 kurzzeitig ein Auto Union Militärlastwagen gebaut wurde, der baugleich auch von Steyr kam.

Ab Mai 1945 war Deutschland in einen östlichen und drei westliche Besatzungsbereiche unterteilt. Es sah in den vierziger Jahren für die Nutzfahrzeugindustrie Ostdeutschlands nicht gut aus. Zwar befand sich immerhin ein Drittel aller Betriebe der Autobranche auf dem Gebiet der später als DDR bezeichneten Sowjetzone, doch die Zerstörungen und die Demontagen der verbleibenden Werke durch die Besatzungsmacht hatten das einstige Wirtschaftspotential hier völlig ausgeschaltet. In Brandenburg wurde kein Opel Blitz mehr gebaut, in Plauen kein Vomag.

Die Firma Horch gehörte nach 1945 zu jenen Betrieben, die durch ihre Lage im sowjetischen Einflußbereich Deutschlands zu »volkseigenen« Werken erklärt wurden, wobei es weniger das Volk war, in dessen Hand das künftige Schicksal der dortigen Industrie

Eine Gruppe H6 aus den sechziger, siebziger Jahren bei einem Sammlertreffen im Sommer 1992.

lag. Vielmehr verfügten die Besatzungsbehörden über den Gang der Dinge, und so kam es 1948 zur Bildung der IFA (Industrieverwaltung volkseigener Fahrzeugwerke), der das Werk Horch wie alle anderen der Branche eingegliedert wurde. Es entstanden eine Reihe von 3- bis 6-Tonnern mit 80 bzw. 100 PS starken Vergasermotoren. Zunächst trugen diese Lastwagen die traditionsreiche Horch-Plakette mit dem gekrönten H auf der Kühlermaske.

Aus Kriegsbeständen hatte man in Zwickau noch eine Anzahl 4,2-Liter-Sechszylindermotoren von Maybach auf Lager; sie wurden 1946-47 in etwa achthundert Horch H3 installiert. Es handelte sich um den gleichen Sechszylinder, der im legendären Luxuswagen vom Typ Maybach SW 42 sowie in etlichen Wehrmachtsfahrzeugen seinen Dienst getan hatte.

Es war dieser Horch-Lastwagen vom Typ H3, der den Anfang der Lkw-Nachkriegsfertigung in Zwickau markierte. Nachdem der Bestand an Maybach-Motoren verbraucht war, folgte ihm 1950 als Typ H3A ein Dreitonner mit 80 PS starkem Wirbelkammer-Dieselmotor, ab 1957 als H3S bezeichnet. In den unterschiedlichsten Ausführungen, auch als Sattelzugmaschine, wurde dieses Fahrzeug mehr als 40.000mal gebaut.

1957 erfolgte eine Umbenennung des Zwickauer Betriebes in VEB Sachsenring Kraftfahrzeug- und Motorenwerk. Die Markenbezeichnung Horch behielt man zunächst bei; einige Fahrzeuge, die in den Export gingen, liefen jedoch unter dem Namen Sachsenring. Und auch unter der Markenbezeichnung IFA wurden hier gebaute Lastwagen vermarktet, ebenso wie der in Ludwigsfelde bei Berlin gebaute W50 mit 5 Tonnen Nutzlast (Seite 168) den Namen IFA erhielt.

Der ab 1958 gebaute Sachsenring S 4000 hatte den gleichen 6,1-Liter-Dieselmotor von 80 PS wie der H3A/H3S; im S 4000-1 – gebaut von 1959 bis 1967 – leistete er 90 PS. Seine Produktion wurde 1960 von Zwickau nach Werdau ins dortige VEB-Kraftfahrzeugwerk Ernst Grube verlegt. Insgesamt wurden von diesem Typ rund 35.000 Stück produziert.

Die Geschichte der Horch- und Sachsenring-Lastwagen fand keine Fortsetzung mehr. Die im Ernst-Grube-Werk hergestellten Nutzfahrzeuge – die Produktion endete dort 1967 – liefen nur unter einer Modellchiffre. Den Namen Horch zu verwenden, wäre auch nicht gestattet gewesen: Er gehörte jetzt der westdeutschen Auto-Union-Nachfolgerin und damit quasi der Daimler-Benz AG, die seit 1958 mit 88 Prozent an dieser Firma beteiligt war (wofür sie 43 Millionen Mark aufgewendet hatte); ein Jahr später kamen die restlichen 12 Prozent hinzu. Daimler-Benz gab die Auto Union und mit ihr alle Markenrechte 1965 an die Volkswagen AG weiter. Doch ein Horch entstand seither nicht wieder, weder im Personenwagenbereich noch bei den Nutzfahrzeugen.

Vomag Lastwagen aus den dreißiger Jahren, der im Laufe seines Lebens einige Verjüngungsmaßnahmen über sich ergehen lassen mußte …

VOMAG

Dicke Brocken aus dem Vogtland

Vomag Lastwagen von 1920.

Die Vogtländische Maschinenfabrik AG in Plauen/Sachsen, vormals J. C und H. Dietrich, stellte vor 1915 noch keine Kraftfahrzeuge her, sondern Druckerpressen und mechanische Webstühle. Es war der Ausbruch des Ersten Weltkrieges, der dem Werk in Plauen eine Produktionsumstellung auferlegte – wie es auch der Krieg war, der die Produktion eines Tages wieder zum Erliegen brachte. Das war Ende 1944.

Die ersten von der Firma Vomag hergestellten Lastwagen gehörten zu dem in Deutschland damals weit verbreiteten Subventionstyp und glichen mehr oder weniger den Konstruktionen von Dixi, Nacke, Benz und Horch. Sie waren für Nutzlasten von 3 oder 4 Tonnen ausgelegt und wurden vorwiegend ans kaiserliche Militär geliefert.

Innerhalb eines knappen Jahres nach dem Kriegsausbruch im Juli 1914 hatte in Plauen die Produktionsumstellung erfolgen müssen, unterstützt durch Darlehen vom Staat. Die Firma im südlichen Sachsen war zu einem kriegswichtigen Betrieb geworden, Druckmaschinen waren nicht mehr gefragt. Einige Fahrgestelle für den Vomag wurden mit Ketten-, die meisten aber mit Kardanantrieb ausgestattet; eine ganze Reihe erhielten Omnibusaufbauten. Verantwortlich für den neuen Produktionszweig in Plauen war der Ingenieur Peter Teigland, der von NAG zu Vomag gekommen war; ihm zur Seite standen Mitarbeiter, die Vomag-Geschäftsführer Carl Koch von Horch und Dixi abgeworben hatte.

Dreiachsiger Vomag für 8 t Nutzlast von 1930.

Die ersten 30 Fahrzeuge lieferte Vomag im Juli 1916 ab, weitere 300 sollten schnellstmöglich folgen. Vomag erhöhte das Stammkapital auf 7,5 Millionen Mark, baute eine 8500 qm große Halle für den Lkw-Bau und stellte 500 weitere Mitarbeiter ein, um den Großauftrag bewältigen zu können. Den 1000. Militärlastwagen lieferte Vomag im September 1918 aus. Doch als acht Wochen später der Krieg vorüber war, stand auch die Produktion in Plauen still.

Nach Beendigung des Ersten Weltkrieges lag es nahe, den Lastwagenbau fortzusetzen, zumal von ziviler Seite ein großer Bedarf an Nutzfahrzeugen zu re-

Fünftonner Vomag Diesel 1933.

gistrieren war. Zunächst erschöpften sich die Arbeiten in Plauen jedoch in der Reparatur defekter Lastwagen, die man aus den Kriegsgebieten heimgeholt hatte. In den frühen zwanziger Jahren kam dann die Zivilproduktion allmählich in Gang, und Vomag erweiterte sein Angebot um eine größere Zahl schwerer Lkw von 5 und 7 Tonnen Nutzlast, auch als Dreiachser gebaut. Die Motorenpalette umfaßte Vier- und Sechszylinder mit 4,5, 7,0, 7,5, 8,5, 10 und 10,5 Liter Hubraum. Den Sechszylinder mit 7 Liter Hubraum bezog Vomag von der Firma Maybach aus Friedrichshafen; er kam meist in Omnibussen zum Einbau. Eine Anzahl solcher Vomag-Maybach-Busse, die sich durch ungewöhnliche Stromlinienform auszeichneten, baute man sogar mit Vorderradantrieb. Viele Omnibusgesellschaften, so etwa die Kraftverkehr GmbH Sachsen, bezogen ihre Fahrzeuge ausschließlich von der Firma Vomag.

Mit den Herstellern Presto, Dux und Magirus hatte sich Vomag 1919 zum »Deutschen Automobil-Konzern« zusammengeschlossen. Das war eine Vertriebsgemeinschaft, in der die Sachsen den Part des Schwerfahrzeuglieferanten inne hatten, wobei einige Typen nach wie vor mit Kettenantrieb versehen waren. Die Marke Dux gab es aber nur bis 1926, als sie von Presto übernommen wurde, und Presto fusionierte ein Jahr später mit NAG – womit der »Konzern« bald nur noch aus den Firmen Magirus (die damals ebenfalls Motoren von Maybach bezog) und Vomag bestand. Es gab ihn bis 1935. Für Vomag hatte der DAK nicht viel gebracht; mehr versprach man sich von der IG Deutscher Kraftwagenfabriken, die unter dem Vorsitz von Dr. Robert Allmers einen Zusammenschluß der Fabrikate Büssing, Daimler-Benz, Hansa-Lloyd, Magirus, NAG und Vomag darstellen sollte. Doch auch diese Gruppe litt unter Koordinationsproblemen und löste sich wieder auf, noch ehe sie ihre Arbeit aufgenommen hatte.

Die mehr in traditioneller Bauweise hergestellten Vomag-Lastwagen fielen durch ihre extrem lange Motorhaube auf. Das Chassis reichte bis weit über die Vorderachse. Die Fahrerhäuser gaben sich schlicht und kantig; die Eleganz der modernen Vomag-Omnibusse fand sich bei den Lastwagen nicht wieder. Man sah es einem mächtigen

Vomag Lastwagen 1933/34.

Dreitonner Vomag von 1931.

Vomag Typ 3LR 443 von 1939, einst ein Militärlastwagen der deutschen Wehrmacht.

Vomag mit seinem Lenkrad von einem halben Meter Durchmesser an, daß sein Chauffeur über Bärenkräfte verfügen mußte. Servokraft stand ihm weder bei der Lenkung noch bei den Bremsen zur Verfügung; die Getriebeschaltung war ohne jegliche Synchronisation. Elektrische Anlasser waren bei Nutzfahrzeugen auch erst im Verlauf der zwanziger Jahre eingeführt worden, so daß man viele der großen - wenn auch nicht sehr hoch verdichteten - Motoren noch mit der Handkurbel anwerfen mußte.

Spezialfahrzeuge waren schon damals eine Domäne der Firma Vomag. So kam es 1924 zu einer Zusammenarbeit mit der Firma Trutz in Coburg, mit welcher Vomag ein geräumiges Wohnmobil auf Lkw-Basis schuf, und mit der Zwickauer Fahrzeugfabrik vorm. Schumann AG entstanden große Möbelwagen. Ein anderes Spezialfahrzeug war ein Sprengwagen mit 10.000-Liter-Tank, und um die gleiche Zeit baute Vomag gemeinsam mit der Münchner Firma Meiller einige Kipper für die Bauindustrie.

1925 hatte man den Lastwagenbau Dr.-Ing. Erwin Aders überantwortet. Er hatte zuvor bei Büssing, Saurer und MAN gearbeitet; als Chefkonstrukteur holte er 1927 den Ingenieur Steinecke zu Vomag.

Wie die gesamte Branche im In- und Ausland, blieb auch Vomag zu Anfang der dreißiger Jahre nicht von den Auswirkungen der Weltwirtschaftskrise verschont. Die Firma hätte ihre Tore schließen oder sich mit einem solventen Partner liieren müssen; zur Diskussion stand ein Beitritt zu Auto Union, die sich 1932 in Sachsen etablierte und die Fabrikate Horch, DKW, Audi und Wanderer vereinigte. Vomag wurde dann aber doch nicht der fünfte Ring dieses Konzerns; statt dessen kam es zu einem Vergleich mit anschließender Gründung einer Auffanggesellschaft, die unter dem Namen Vomag Betriebs-AG die Lkw-Produktion reorganisierte und in kleinem Umfang fortführte. Noch fünf Minuten vor

Vomag Möbelwagen für 8 t Nutzlast von 1931.

Vomag 4,5-Tonner von 1940/42, der als einer der wenigen Lastwagen dieser Marke die Wirren der Zeit überlebt hat.

zwölf hatte es so ausgesehen, als müßten das gesamte Firmeninventar, sämtliche Maschinen und Gebäude auf einer Versteigerung verkauft werden. Der Vergleich und die ihm folgende Umstrukturierung erfolgten im letzten Augenblick.

Die monatliche Produktion betrug in jener Zeit keine 20 Fahrzeuge, und die Tendenz war zunächst weiterhin rückläufig. Doch allen Skeptikern zum Trotz gewann Vomag allmählich an Schwung, erhielt neue Aufträge und konnte auch zahlreiche der zuvor entlassenen Personen wieder einstellen. Anfang 1933 hatte Vomag wieder 1557 Mitarbeiter. Ein sich kontinuierlich ausweitendes Programm von Omnibussen – ein großer Stromlinienbus mit vier Achsen und 12-Zylindermotor trug den Namen »Kontinent-Express« – sowie Lastwagen von 3,5 bis 9 Tonnen Nutzlast ließen sich gut absetzen; eingebaut wurden Wirbelkammer-Dieselmotoren bis zu 140 PS, die bei Vomag unter Aders und Steinecke entstanden waren: Der Kunde hatte die Wahl zwischen sechs verschiedenen Aggregaten. In Zusammenarbeit mit Henschel und Magirus entstanden Motorenprojekte von 10,6 bis 35 Liter Hubraum.

Gewiß hätte Vomag seine Position als Dieselmotorenhersteller weiter ausbauen können, wäre 1939 nicht der Zweite Weltkrieg ausgebrochen. Die Autorität der Militärbehörden blockierte bei Vomag wie bei allen anderen Firmen der Kraftfahrzeugbranche, jetzt als hochgradig kriegswichtig angesehen, jegliche unternehmerische Initiative; alle Firmen sahen sich zu Rüstungsbetrieben umfunktioniert. Entwicklungsarbeiten an neuen Motoren – auch solche für Treibgas liefen bei Vomag im Versuch – mußten unterbrochen werden, damit die Wehrmacht mit Kampfwagen und Panzerjägern beliefert werden konnte, die Vomag nun zu bauen hatte. Sie bildeten den unrühmlichen Schlußpunkt der Kraftwagenproduktion in Plauen – sie hatte sich über einen Zeitraum von exakt dreißig Jahren erstreckt; Vomag-Nutzfahrzeuge sind nach 1945 nicht mehr hergestellt worden, zumal das Werk durch Kriegseinwirkungen großenteils zerstört worden war. Die letzten davon verschont gebliebenen Betriebseinrichtungen gingen in sowjetischen Besitz über. Der Name Vomag gehörte damit der Geschichte an.

Register der deutschen Lkw-Hersteller 1898-1997

Nutzfahrzeug-Fabrikate, die im Hauptteil dieses Buches nicht näher beschrieben sind.

A.A.A.

Die Aktiengesellschaft für Akkumulatoren- und Automobilbau, Berlin, produzierte 1919-1922 Elektro-Transporter für die Reichspost.

Adler

In den zwanziger Jahren stellten die Adler-Werke in Frankfurt am Main Lastwagen von 1 bis 3,5 t Nutzlast her. Die Motoren entstammten der Pkw-Fertigung.

Apollo

Die in Apolda, Thüringen, beheimateten Apollo-Werke bauten 1914-1921 Lastwagen, die überwiegend an Militärbehörden geliefert wurden.

Audi

Die 1909 von August Horch gegründeten Audi Werke in Zwickau, Sachsen, bauten 1910-1932 auch Lastwagen.

Barkas

Nachfolgemarke von Framo, hergestellt 1957-1990. Werke in Chemnitz, Frankenberg und Hainichen.

Adler 3 t 1933.

Bergmann Elektro-Lastwagen 1903.

Bergmann

Die Bergmann Elektrizitätswerke in Berlin produzierten von 1905 bis 1939 Elektro-Lastwagen bis zu 2 t Nutzlast, bis 1922 auch Fahrzeuge mit Vergasermotor nach einer belgischen Baulizenz (Métallurgique). Das Unternehmen ist nicht identisch mit den Bergmann Industriewerken in Gaggenau (s. S.A.F.).

Brennabor

Die Brandenburger Brennabor-Werke der Gebrüder Reichstein stellten neben Personenwagen 1909-1931 auch Lastwagen her.

Cyklon

Ein Fabrikat der 1902 gegründeten Cyklon Maschinenfabrik, Berlin, die 1922-1929 als Cyklon Automobil Werke AG firmierte. Herstellung von Dreirad-Kleintransportern, vereinzelt auch Vierrad-Lastwagen auf Pkw-Basis, in Mylau/Sachsen.

DAAG

Die Deutsche Last-Automobilfabrik AG in Ratingen bei Düsseldorf gehörte 1910 bis 1929 zu den bekannteren deutschen Lkw-Herstellern und versah schon 1925 ihre Fahrzeuge mit

Brennabor 2 t 1928.

Vierradbremsen. 1929 erfolgte die Übernahme durch Krupp.

Dixi

Unter der 1903 aus den Eisenacher Wartburg-Werken hervorgegangenen Marke Dixi wurden bis 1928 eine große Zahl von Lastwagen sowie Omnibusse hergestellt, teils nach Vorgaben der Subventions-Verordnung. Mit Übernahme des Werkes durch BMW wurde der Bau von Nutzfahrzeugen beendet.

DKW

Außer Kombiwagen auf Pkw-Basis, gebaut 1931-1939, gab es ab 1949 – jetzt aus Ingolstädter Auto-Union-Produktion – einen Kasten- und einen Pritschenwagen mit 0,75 t Nutzlast. Angetrieben wurde der DKW von einem wassergekühlten Zweitakter. 1963-1965 löste der DKW F 1000 L den Schnellaster ab, ein Eintonner auf Basis des Imosa aus Spanien. dort von IMOSA, einer Tochtergesellschaft der Auto Union, gefertigt.

Dux

Lastwagen unter der Marke Dux wurden in Wahren bei Leipzig 1909-1926 gebaut. Die Firma wurde 1926 von Presto (s. d.) übernommen.

Econom

Die in Berlin ansässige Firma Econom-Werke Hellmuth Butenuth GmbH baute 1950-1953 Fünftonner mit Zweizylinder-Dieselmotoren von MWM.

Dixi 4-Tonnen Pritschenwagen 1922.

DAAG 1927 mit Kettenantrieb.

Dürkopp

In der Bielefelder Maschinenfabrik vormals Dürkopp & Co. entstanden 1906-1929 neben Personenwagen auch Nutzfahrzeuge von 1 bis 5 t Nutzlast.

Ehrhardt

Der Industrielle Heinrich Ehrhardt, Gründer der Wartburg-Werke (später Dixi) in Eisenach, stellte in seinem Düsseldorfer Werk 1904 bis 1921 auch Lastwa-

Dürkopp Langholzwagen 1913.

gen her. Die Firma wurde später von Rheinmetall übernommen.

Eicher

Die in Landshut und Dingolfing ansässige Landmaschinenfabrik Eicher präsentierte 1963 einen 3-t-Lastwagen, mit luftgekühltem Dieselmotor. Eicher Lastwagen wurden in nur geringer Zahl gebaut; 1965 übernahm Magirus-Deutz den Vertrieb.

Dux 1,5 t 1924.

Elite

Bevor Ostner 1930 die Anlagen der Elite-Werke in Brand-Erbisdorf übernahm, wurden hier neben Personen- auch Lastwagen mit 1 bis 4 t Nutzlast hergestellt. 1928 -1929 baute auch die ihr angeschlossene Firma Elitewagen AG in Ronneburg drei verschiedene Vierzylinder-Lastwagen, kurzzeitig auch einen 5-t-Elektro-Lkw.

Gaggenau - siehe S.A.F.

Goliath

Kleintransporter, ab 1927 von Borgward in Bremen gebaut. Drei- und Vierradfahrzeuge gab es unter dieser Markenbezeichnung bis 1961.

Econom 1953.

Framo

Die ab 1923 zur sächsischen Rasmussen-Gruppe (DKW) gehörenden Metallwerke Frankenberg bauten bis 1977 Kleinlastwagen und Transporter. Aus dem ab 1949 IFA-Framo genannten Wagen wurde 1957 der Barkas (s. d.).

Gutbrod

Die Modelle Gutbrod Atlas 800 und 1000 waren 1946-1954 in Plochingen fabrizierte Kleinlaster.

Hansa, Hansa-Lloyd

1906-1914 Herstellung von leichten Lastwagen Marke Hansa in Varel, Oldenburg. 1914 Fusion mit der Norddeutschen Automobil-

Framo 1,5 t 1952.

und Motoren AG, die den Lloyd baute. 1932 Übernahme durch Borgward. Nutzfahrzeuge unter der Marke Hansa wurden bis Ende 1939 fabriziert.

Gutbrod Atlas 800 1951.

Helios

Die Kölner Helios Electricitäts-AG übernahm 1903 die Herstellung von 1- bis 3-t-Lastwagen sowie von Omnibussen mit Elektroantrieb von der Akkumulatorenfabrik Hagen. 1906 wurde die Fertigung eingestellt.

Hercules

Der bekannte Nürnberger Zweiradhersteller Hercules stellte vor dem Ersten Weltkrieg auch Lastwagen bis zu 4 t Nutzlast her.

IFA

Die Vereinigung Volkseigener Fahrzeugwerke in der ehemaligen DDR verlieh allen Personen- und Nutzfahrzeugen die Bezeichnung IFA, so auch dem Sachsenring, dem W50 5-Tonner, dem Robur (s. d.) und dem Barkas (s. d.).

Komnick

Die Komnick Automobilfabrik in Elbing, Ostpreußen, existierte 1907-1922 und baute Personenwagen, Nutzfahrzeuge sowie Schlepper. Komnick wurde 1930 von Büssing übernommen.

Ley

In der Maschinenfabrik Rudolf Ley in Arnstadt, Thüringen, wurden einst Personenwagen mit der Bezeichnung Loreley gebaut, aber auch Nutzfahrzeuge mit 2 t Ladekapazität, angeboten 1925-1931. Ab 1927 erfolgte der Vertrieb des Ley-Lkw durch MAN.

Liebherr

Die 1960 gegründeten Liebherr-Werke in Ehingen sind auf schwere Spezialfahrzeuge bis 600 t Nutzlast spezialisert.

Komnick Tankwagen 1928.

Lloyd

Lloyd in Bremen baute Lastwagen ab 1906. 1914 Fusion mit Hansa (s. d.). Anfangs gab es nur Elektrofahrzeuge nach französischer Krièger-Lizenz, ab 1908 stellte Lloyd auch Nutzfahrzeuge mit Vergasermotor her.

Ley 12/45 PS 1,5-Tonner 1928.

MAFI

Seit 1966 baut die MAFI Transportsysteme GmbH in Renningen Zugmaschinen sowie Spezialfahrzeuge für den Werft- und Containerbetrieb.

Mannesmann-Mulag

1913-1928 stellte die Mannesmann-Mulag AG, Aachen, zwei- und dreiachsige Lastwagen bis 5 t her. Mannesmann hatte den Betrieb der Motoren- und Lastwagen-AG, vormals Scheibler (s. d.) übernommen. 1930 erwarb der Braunschweiger Nutzfahrzeughersteller Büssing das Werk.

Mulag

– siehe Scheibler, Mannesmann-Mulag.

Multicar

Im ehemaligen VEB Fahrzeugwerk Waltershausen - ab 1990: Multicar Spezialfahrzeuge GmbH – hergestellter Klein-Lkw mit Einzylinder-Dieselmotor (ab 1991 mit VW-Motor), hauptsächlich im Kommunalbetrieb eingesetzt.

Nacke

Die in Coswig, Sachsen, ansässige Automobilfabrik Nacke baute 1901-1929 Nutzfahrzeuge bis 5 t, hauptsächlich in Form sogenannter Subventions-Lastwagen.

NAG Elektro-Paketwagen ca. 1904.

NAG – NAG-Presto

Die Neue Automobil-Gesellschaft, Berlin (ab 1915: Nationale Automobil-Gesellschaft) existierte 1903-1931 und baute Lastwagen und Omnibusse diverser Größenordnungen. 1927 übernahm NAG die Presto-Werke (s. d.); den NAG-Presto (2 bis 5 t) baute man bis 1931, als die Übernahme beider Marken durch Büssing erfolgte.

NSU

Die Neckarsulmer Fahrzeugwerke AG beschäftigte sich ab 1913 ebenfalls mit der Lkw-Herstellung, die bis 1931 betrieben wurde.

Ostner

Die OD-Werke Willy Ostner (Motorräder ab 1921, Dreiradwagen ab 1935) begannen 1932 in Dres-

SAF 1908/09.

Still 1,5 t 1950.

den mit dem Bau leichter Vierrad-Transporter. 1949-56 entstand der Ostner Rex Eilfrachter (mit Ford-Vergaser- oder IHC-Dieselmotor) in Sulzbach-Rosenberg; 1955 wurde die Firma von Faun übernommen. 120 Fahrzeuge verließen das Werk noch bis Anfang 1958 als Faun-Ostner.

Podeus

Die Reederei und Maschinenfabrik Podeus in Wismar gehörte 1905-1918 zu den Herstellern von Lastwagen bis 5 t.

Presto

In den Chemnitzer Presto-Werken wurden 1913-1927 neben Personenwagen auch Nutzfahrzeuge hergestellt; 1926 erfolgte die Fusion mit Dux (s. d.), ein Jahr später mit NAG.

Protos

Protos war ein Fabrikat der Siemens-Schuckert-Werke, Berlin, die 1912-1927 ebenfalls Lastwagen herstellten, die Produktion dann aber an NAG (s. d.) abgaben.

Stoewer mit Kettenantrieb, 1919.

Robur

Der 1957-1990 in Zittau, Sachsen, hergestellte Robur Transporter war der Nachfolger des Phänomen.

S.A.F.

Ab 1906 baute die Süddeutsche Automobilfabrik GmbH in Gaggenau, hervorgegangen aus den Bergmann Industriewerken, Baden, den S.A.F.-Lastwagen. 1907 übernahm Benz den Betrieb, in dem nach der Fusion mit Daimler Schwerlastwagen der Marke Mercedes-Benz gebaut wurden. Ab 1951 baute man in Gaggenau den Unimog.

Scheibler

1901 begann die Scheibler-Motoren-Industrie, gegründet 1899, mit der Herstellung von leichten Lastwagen. 1909-1913 wurden die 1- bis 3-Tonner unter der Bezeichnung Mulag verkauft.

Still

1950-1955 Herstellung von Transportern mit Elektroantrieb bis 1,5 t Nutzlast.

Stoewer

1900 nahmen die Gebrüder Stoewer, Stettin, die Produktion von Nutzfahrzeugen auf. Die letzten Dreitonner wurden 1927 gebaut.

Talbot

Die Aachener Waggonfabrik Talbot & Cie. stellte 1940 einige Lastwagen mit Elektroantrieb her.

Tempo

Das vor allem für seine Dreirad-Kleinlaster bekannt gewordene Tempo-Werk Vidal & Sohn, 1928 in Hamburg-Harburg gegründet, stellte ab 1936 auch Vierrad-Fahrzeuge her, nach dem Kriege mit VW-, Heinkel- und Austin-Motoren. Ab 1955 Zusammenarbeit mit Hanomag. 1966 verschwand der Markenname, nachdem Hanomag mit Henschel im Rheinstahl-Konzern aufgegangen war.

Titan

Die Titan Stahl- und Gerätebau GmbH, Berghaupten-Gengenbach, stellt seit 1974 Schwerlastwagen und Zugmaschinen her, motorisiert mit Mercedes-Benz-Dieselaggregaten.

Talbot Elektrolastwagen, 1941.

Tempo Matador 1959.

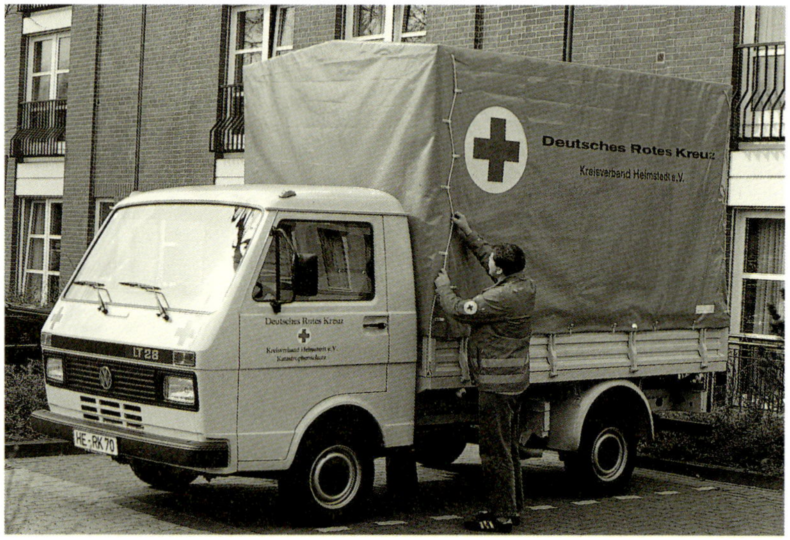

Volkswagen LT 2,8 t 1992.

Volkswagen

Das Volkswagenwerk stellte 1950 den VW Transporter vor, ein Frontlenker mit luftgekühltem Heckmotor für 750 kg Zuladung. Erst erschien ein Kasten-, 1952 auch ein Pritschenwagen. Ab 1963 auch als 1-Tonner lieferbar, war der VW »Bully« in unzähligen Aufbauvarianten stets ein universelles Nutzfahrzeug der kleinen Kategorie, die 1975 durch den Typ LT (Nutzlast bis 5,5 t) ergänzt wurde. Ab 1977 Zusammenarbeit mit MAN (s. d.) und Ausweitung der Modellpalette.

Wartburg

Vorgänger des Dixi (s. d.), 1898-1903 nach einer französischen Lizenz der Firma Decauville in Eisenach produziert.

Wendax

Die Hamburger Firma Wendax stellte 1935-1951 Kleintransporter her, ab 1949 mit luftgekühltem VW-Motor.

Westfalia

Die Westfalia-Werke Rameloh & Schmidt in Oelde und Bielefeld stellten 1912-1914 einige leichte Lastwagen her. Die Produktion wurde von Hansa übernommen.

Zyphen & Charlier

1925-1926 baute diese Kölner Firma einige Lastwagen, für die sie Einbaumotoren von BMW bezog.

Stichwortverzeichnis

A

B

C

D

E

F

G

H

I

J

K

L

M

N

O

P

R

S

T

U

V

W

Z

Peer Schmidt-Walther
Truck around the clock
Mit australischen Truckern durch den Outback. Ein fesselnder Bild- und Textband.
96 Seiten, 100 Abbildungen, 50 Farb-Abb., geb.
DM 49,80/sFr 47,50/öS 364,–
Bestell-Nr. 01550

Sanguineti/Salazar
Iveco
Die Hersteller Fiat, Unic, Lancia, OM und Magirus-Deutz, die sich zur »Iveco« vereinigt haben.
360 Seiten, 550 Abbildungen, 280 Farb-Abb., geb.
DM 78,–/sFr 72,–/öS 569,–
Bestell-Nr. 01505

Wolfgang H. Gebhardt
Deutsche Omnibusse seit 1895
Seit 1895 werden von deutschen Herstellern Omnibusse gebaut. Hier werden Sie vorgestellt.
660 Seiten, 872 sw-Abbildungen, 5 Karten, geb.
DM 98,–/sFr 90,–/öS 715,–
Bestell-Nr. 01555

Werner Oswald
Lastwagen, Lieferwagen, Transporter 1945-1988
Marken und Modelle, die nach 1945 das Straßenbild beherrscht haben. Von Krupp bis Henschel, von MAN bis VW und Mercedes: Daten, Fakten und Bilder der deutschen Nutzfahrzeuge in einer Dokumentation, die Maßstäbe setzt.
856 Seiten, 1148 Abb., geb.
DM 98,–/sFr 90,–/öS 715,–
Bestell-Nr. 01197

Starke Stücke

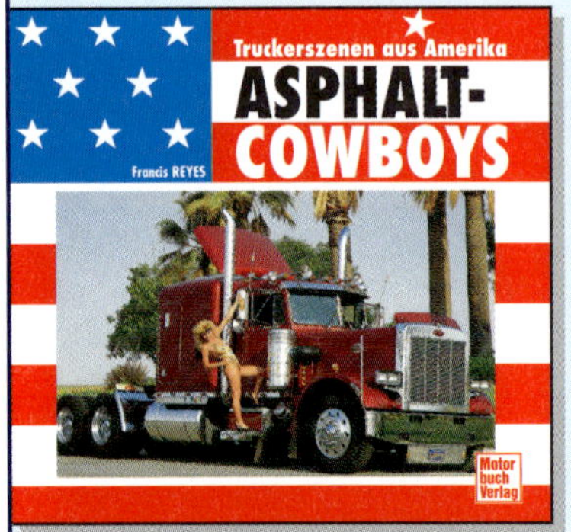

Francis Reyes
Asphalt-Cowboys
Truckerszenen aus Amerika: »Asphalt-Cowboys« hinter dem Steuer ihrer chromglänzenden Macks und Kenworths.
192 Seiten, 323 Farb-Abb., geb.
DM 49,80/sFr 47,50/öS 364,–
Bestell-Nr. 01764

Randy Leffingwell
Amerikanische Traktoren
John Deere, Ford, Caterpillar, Case, International Harvester, Massey-Harris, White, Hart-Parr und die vielen kleinen Marken.
192 Seiten, 250 Farb-Abb., geb.
DM 69,–/sFr 63,50/öS 504,–
Bestell-Nr. 01582

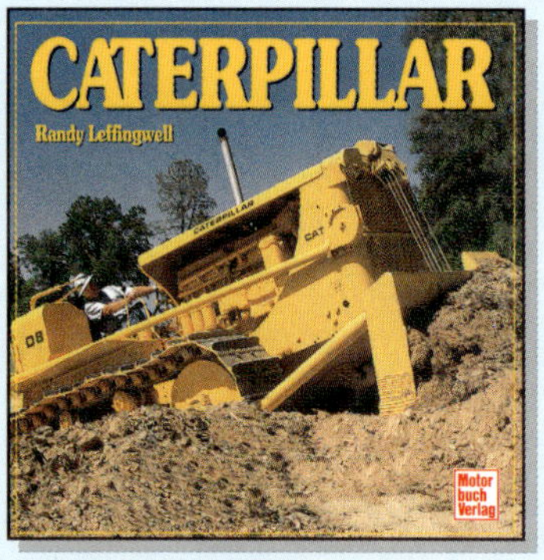

Randy Leffingwell
Caterpillar
Von den Dampf-Pflügen und Planierwalzen bis zu den heutigen D11N-Raupen mit 9 Meter langem Schild und 770 PS.
192 Seiten, 150 Farb-Abb., geb.
DM 69,–/sFr 63,50/öS 504,–
Bestell-Nr. 01770

Stand Juni 1997 – Änderungen in Preis und Lieferfähigkeit vorbehalten

Motor buch Verlag

IHR VERLAG FÜR
AUTO-BÜCHER

Postfach 10 37 43 · 70032 Stuttgart
Telefon (0711) 2108065
Telefax (0711) 2108070